国家哲学社会科学基金一般项目（17BTY058）

中国体育用品制造业转型升级研究

陈 颇◎著

人民体育出版社

图书在版编目（CIP）数据

中国体育用品制造业转型升级研究／陈颇著. -- 北京：人民体育出版社，2024
　ISBN 978-7-5009-6441-4

Ⅰ.①中… Ⅱ.①陈… Ⅲ.①体育用品－制造工业－研究－中国 Ⅳ.①F426.89

中国国家版本馆 CIP 数据核字（2024）第 060981 号

*

人 民 体 育 出 版 社 出 版 发 行
北 京 建 宏 印 刷 有 限 公 司 印 刷
新　华　书　店　经　销

*

710×1000　16 开本　11.75 印张　214 千字
2024 年 7 月第 1 版　2024 年 7 月第 1 次印刷

*

ISBN 978-7-5009-6441-4
定价：65.00 元

社址：北京市东城区体育馆路 8 号（天坛公园东门）
电话：67151482（发行部）　　邮编：100061
传真：67151483　　　　　　　邮购：67118491
网址：www.psphpress.com
（购买本社图书，如遇有缺损页可与邮购部联系）

前言 FOREWORD

2022年10月，中国共产党第二十次全国代表大会在北京召开，习近平总书记在党的二十大报告中强调"高质量发展是全面建设社会主义现代化国家的首要任务。发展是党执政兴国的第一要务。没有坚实的物质技术基础，就不可能全面建成社会主义现代化强国"。我国经济已转向高质量发展阶段，经济社会发展必须以推动高质量发展为主题。推动高质量发展是遵循经济发展规律、保持经济持续健康发展的必然要求，是适应我国社会主要矛盾变化、解决发展不平衡不充分问题的必然要求，是有效防范化解各种重大风险挑战、以中国式现代化全面推进中华民族伟大复兴的必然要求。

早在2014年5月，习近平总书记在河南考察时首次提出我国经济进入新常态。本书主要以经济新常态为宏观背景，融合产业经济学、区域经济学、数理统计学、计量经济学等多学科理论知识，以及数理分析、计量分析、比较分析、逻辑分析等多研究方法展开宏观与微观、定性与定量、理论与实证相结合的交叉综合研究。通过综合评价、指标描述及对比分析等方法，本书对我国体育用品制造业转型升级的现状进行探讨，明确其历史演变轨迹、区域差异性及省市差异性；运用多元数理统计和计量经济学模型等实证方法，探寻我国体育用品制造业转型升级的影响因素，发现这些因素对转型升级的作用机制，得出彼此的关联效应；结合现有国情和经济发展环境，基于劳动力成本上升、"互联网+"技术、生产性服务业快速发展等新兴视角，提出我国体育用品制造业转型升级的应对策略。

本书分为9章，具体内容如下：第一章介绍了研究背景、研究意义与主要创新点、研究内容与思路方法；第二章对所涉及的相关概念、理论基础等进行大致梳理；第三章从纵向和横向角度出发，采用文献资料、比较分析、数理统计等研究方法，围绕我国体育用品制造企业的盈利能力、成长能力、运营能力和偿债能力4个方面，对我国不同登记注册类型的体育用品制造企业的主要财务指标进行比较分析；第四章基于企业财务发展能力、区域经济发展能力、技术创新能力、基础设施服务能力及人力资本供给能力5个维度，构建了我国体育用品制造业转型升级综合能力评价指标体系；第五章以国家工业和信息化部颁布的《关于促进文教体育用品行业升级发展的指导意见》为依据，结合国内体育用品制造业发展现实，构建了我国体育用品制造业转型升级效果评价指标体系，并运用多元数理统计法，对我国体育用品制造业转型升级效果进行了定量测评；第六章采用我国东部、中西和西部三大经济区域的面板数据，运用 Johansen 面板协整关系检验、Granger 因果关系检验与面板数据误差修正模型，实证检验了我国体育用品制造业转型升级与服务业发展之间的因果关系；第七章运用 DEA 从综合效率、纯技术效率、规模效率及投影分析4个层面，对某省域"互联网+"信息技术服务业促进体育用品制造业转型升级的作用效率进行了实证检验；第八章基于我国31个省、自治区、直辖市（不包括香港特别行政区、澳门特别行政区、台湾省）体育用品制造业的行业面板数据，在综合考虑居民消费水平、行业发展规模及资本结构等因素的前提下，就劳动力成本上升对我国体育用品制造业转型升级的影响进行了实证检验；第九章对所得出的主要结论进行归纳和汇总，提出一些针对性的建议，并指出本研究的不足之处，对未来研究工作进行了展望。

需要说明的是，由于该专著在出版过程中存在时滞周期，书中部分样本数据略显滞后，但在高质量发展新时代背景下，体育用品制造业的创新驱动发展仍将是社会关注点，根据研究的系统性、延展性特征，认为其仍有一定指导和参考价值。由于受主、客观条件限制，本书难免存在不足之处，恳请广大读者批评指正。同时，希望更多研究人员关注体育用品制造业转型升级的理论与实证研究，共同助力我国体育产业高质量发展。

目录 CONTENTS

第一章 绪 论 …… 001
第一节 研究背景 …… 001
一、体育产业转型升级重大发展战略的引领 …… 001
二、体育用品制造业转型升级助力体育产业高质量发展 …… 002
三、我国体育用品制造业发展的现实需要 …… 003
第二节 研究意义与主要创新点 …… 004
一、研究意义 …… 004
二、主要创新点 …… 005
第三节 研究内容与思路方法 …… 006
一、研究内容 …… 006
二、思路方法 …… 007

第二章 相关概念界定与理论基础 …… 010
第一节 相关概念界定 …… 010
一、中国经济新常态 …… 010
二、体育用品制造业 …… 011
三、体育用品制造业转型升级 …… 014
第二节 相关理论基础 …… 016
一、现代服务业发展与体育用品制造业转型升级 …… 016
二、劳动力成本上升与体育用品制造业转型升级 …… 018
三、"互联网+"与体育用品制造业转型升级 …… 020

第三节　小　结 ………………………………………………………… 023

第三章　我国体育用品制造业主要财务指标分析 …………………… 024
　　第一节　样本选取、研究方法与数据来源 …………………………… 025
　　　　一、样本选取 …………………………………………………… 025
　　　　二、研究方法与数据来源 ……………………………………… 025
　　第二节　我国体育用品制造企业主要财务指标比较 ………………… 026
　　　　一、盈利能力 …………………………………………………… 026
　　　　二、成长能力 …………………………………………………… 030
　　　　三、运营能力 …………………………………………………… 033
　　　　四、偿债能力 …………………………………………………… 037
　　第三节　小　结 ………………………………………………………… 040

第四章　我国体育用品制造业转型升级的综合能力 …………………… 042
　　第一节　相关研究动态及评述 ………………………………………… 043
　　　　一、我国体育用品制造业转型升级的影响因素研究 ………… 043
　　　　二、我国体育用品制造业转型升级的发展路径研究 ………… 044
　　　　三、我国体育用品制造业转型升级的困境（风险）研究 …… 045
　　　　四、国外体育用品制造业的转型升级研究 …………………… 045
　　第二节　我国体育用品制造业转型升级综合能力评价指标体系 …… 046
　　　　一、构建评价指标体系的基本原则 …………………………… 046
　　　　二、体育用品制造业转型升级的主要能力要素 ……………… 048
　　第三节　研究方法、样本选取与数据来源 …………………………… 051
　　　　一、研究方法 …………………………………………………… 051
　　　　二、样本选取与数据来源 ……………………………………… 056
　　第四节　我国体育用品制造业转型升级的综合能力分析 …………… 057
　　　　一、体育用品制造业转型升级的综合能力结构要素模型 …… 057
　　　　二、体育用品制造业转型升级的综合能力排名与评价 ……… 060
　　　　三、体育用品制造业转型升级综合能力的聚类分析 ………… 063
　　第五节　小　结 ………………………………………………………… 064

第五章　我国体育用品制造业转型升级的效果水平 065
第一节　相关研究动态及评述 066
一、我国体育用品制造业经营（市场）绩效的评价研究 066
二、我国体育用品制造企业（公司）的经营绩效评价研究 067
三、我国体育用品制造业经营绩效（效率）的相关因素研究 067
第二节　我国体育用品制造业转型升级效果评价指标体系 069
第三节　我国体育用品制造业转型升级效果水平分析 071
一、数据来源 071
二、实证结果与分析 072
第四节　小　结 079

第六章　服务业发展对我国体育用品制造业转型升级的影响 080
第一节　相关研究动态及评述 081
一、国外研究动态 081
二、国内研究动态 082
第二节　研究方法、指标选取、数据来源与样本分析 084
一、研究方法 084
二、指标选取与数据来源 089
三、样本分析 090
第三节　实证检验与分析讨论 092
一、面板数据单位根检验 092
二、面板数据协整关系分析与长期因果关系检验 092
三、面板数据误差修正模型与短期因果关系检验 093
第四节　小　结 096

第七章　"互联网+"对我国体育用品制造业转型升级的影响：以某省域为个案 097
第一节　相关研究动态及评述 098
一、以"互联网+"为核心的现代网络信息技术与体育用品制造业销售（营销）模式的创新融合 098

二、基于现代信息技术应用视角下的"互联网+"对体育用品制造业
　　　　产品功能的影响 ……………………………………………………… 099
　第二节　研究方法、指标选取与数据来源 ……………………………… 101
　　一、研究方法 …………………………………………………………… 101
　　二、指标选取与数据来源 ……………………………………………… 102
　第三节　实证检验与分析讨论 …………………………………………… 104
　　一、"3投入—3产出"DEA-BCC效率评价模型的总体效率分析及评价 …… 104
　　二、综合效率DEA无效年份（DMU）的投影分析 ………………… 106
　　三、"3投入—1产出"DEA-BCC模型的效率分解评价 ……………… 108
　第四节　小　结 …………………………………………………………… 109

第八章　劳动力成本上升对我国体育用品制造业转型升级的影响 … 111
　第一节　相关研究动态及评述 …………………………………………… 112
　　一、国外研究动态 ……………………………………………………… 112
　　二、国内研究动态 ……………………………………………………… 113
　第二节　我国劳动力成本的定性分析 …………………………………… 115
　　一、我国劳动力供给现状 ……………………………………………… 115
　　二、我国劳动力成本演变趋势 ………………………………………… 117
　第三节　劳动力成本上升对我国体育用品制造业转型升级的影响机制 …… 118
　　一、收入作用机制 ……………………………………………………… 118
　　二、成本作用机制 ……………………………………………………… 118
　第四节　研究方法与研究设计 …………………………………………… 119
　　一、研究方法 …………………………………………………………… 119
　　二、研究设计 …………………………………………………………… 121
　第五节　实证检验与分析讨论 …………………………………………… 123
　　一、变量的平稳性检验与协整关系检验 ……………………………… 123
　　二、劳动力成本上升对我国体育用品制造业转型升级的总体影响 …… 125
　　三、劳动力成本上升对体育用品制造业转型升级影响的区域差异 …… 128
　第六节　小　结 …………………………………………………………… 130

第九章　结论、建议与展望 132
第一节　结论与建议 132
一、结论 132
二、建议 136
第二节　研究展望 152

参考文献 154

附　录 162
附件1　2012—2015年我国体育用品制造企业的相关财务指标原始数据 162
附件2　2015年我国23个省、自治区、直辖市体育用品制造业转型升级
　　　综合能力评价的部分指标原始数据 164
附件3　2011—2016年我国体育用品制造业转型升级效果评价的部分指标
　　　原始数据 166
附件4　2008—2015年我国31个省、自治区、直辖市第三产业
　　　增加值原始数据 167
附件5　湖北"互联网+"信息技术服务业与体育用品制造业转型升级的
　　　投入产出指标原始数据 169
附件6　我国体育用品制造业的利润总额、资产总计、负债合计等指标原始
　　　数据 170

近年来作者学术成果一览表（以第一作者身份署名） 172

后　记 175

第一章 绪 论

第一节 研究背景

一、体育产业转型升级重大发展战略的引领

2014年5月，习近平总书记在河南考察时首次提出我国经济进入新常态，同年11月，习近平主席在亚太经济合作组织工商领导人峰会所作题为《谋求持久发展 共筑亚太梦想》的主题演讲中阐述了新常态下中国经济发展的基本特征，即中国经济增长从高速转为中高速，从规模速度型粗放增长转向质量效率型集约增长，从要素投资驱动转向创新驱动。随着全球经济步入新常态，近年来欧美工业发达国家开始着力于重塑和加强制造业发展的优势战略，而其他发展中国家也凭借其比较优势制订了相应的工业振兴计划。因此，我国制造业面临着巨大的双重挤压，制造业转型升级势在必行。2021年，由国家发展和改革委员会、教育部、科技部等联合发布的《关于加快推动制造服务业高质量发展的意见》明确提出，要从提升制造业创新能力、优化制造业供给质量、提高制造业生产效率等6个方面加快推动制造服务业发展，以高质量的服务供给引领制造业转型升级和品质提升。这些政策文件的颁布与实施，将全面助推制造业加速迈上新台阶，实现由"中国制造"向"中国智造"的转变，使我国制造业继续为国民经济增长提供强大、可靠的动力源和产业支撑[1]。

---

[1] 罗仲伟，李先军．"十三五"时期制造业转型升级的路径与政策转向 [J]．价格理论与实践，2015，377（11）：8-12．

2021年10月国家体育总局印发《"十四五"体育发展规划》（以下简称《规划》）。《规划》点明了2035年体育强国建设远景目标和"十四五"时期体育发展的主要目标。为实现体育产业高质量发展、推动体育产业成为国民经济支柱性产业谋划了发展蓝图，即通过未来5年努力，体育产业发展形成新成果，取得显著进展。预计体育产业总规模达到5万亿元，增加值占国内生产总值比重达到2%，居民体育消费总规模超过2.8万亿元。具体而言，坚持供需两端发力，围绕强化要素创新驱动、打造现代体育产业体系、培育壮大体育市场主体、扩大体育产品和服务供给、深挖体育消费潜力、推动体育彩票安全健康持续发展、加强体育市场监管7个方面，推动体育产业高质量发展。

二、体育用品制造业转型升级助力体育产业高质量发展

2014年10月，国务院出台《关于加快发展体育产业促进体育消费的若干意见》（以下简称46号文件），全民健身上升为国家战略，体育产业作为绿色产业、健康产业予以重点扶持，根据国家46号文件的整体规划及其部署，各省、自治区、直辖市分别制定了46号文件的实施意见。2016年，国家体育总局发布的《体育产业发展"十三五"规划》中指出，结合传统制造业去产能，引导体育用品制造业转型升级，优化体育用品制造业结构，实施体育用品制造业创新提升工程，鼓励新型体育器材装备、虚拟现实运动装备及其可穿戴运动设备等的研发创新。2021年，国家体育总局颁布的《"十四五"体育发展规划》中提出，打造现代体育产业体系。鼓励体育用品企业研发家庭化、智能化运动装备器材，加快体育用品制造业向服务业延伸。在国家逐步淘汰高耗能、高污染产业的政策支持下，我国体育产业未来发展前景甚好，而体育用品制造业作为体育产业的重要支柱，是推动其发展壮大的关键要素。

根据前瞻产业研究院整理资料显示，2014年体育用品市场呈现复苏迹象，以本土领军品牌经营改善为拐点确立标志，无论是存货规模还是终端折扣水平，均表现出积极发展态势，行业基本走出库存危机，并重新焕发市场活力[①]。《2016中国体育用品产业发展白皮书》表明，2016年我国体育用品制造业产业增加值突破3000亿元，连续3年增幅超过10%，体育用品制造业保持稳步增长，

---

①陆澜清. 2017年体育用品行业分析——行业增加值突破3000亿元 [EB/OL]. (2018-02-07) [2019-06-06]. https://www.qianzhan.com/analyst/detail/220/180207-16362004.html.

在世界体育用品行业中占比为48%，中国已成为全球名副其实的体育用品制造"大国"[1]。依据国家体育总局和国家统计局联合发布的《2017年全国体育产业总规模与增加值数据公告》，2017年，全国体育产业总规模（总产出）为2.2万亿元，增加值为7811亿元。从名义增长看，总产出较2016年增长15.7%，增加值增长了20.6%。其中，体育用品及相关产品制造的总产出和增加值最大，分别为13509.2亿元和3264.6亿元，占体育产业总产出与增加值的比例分别为61.4%和41.8%[2]。就体育用品进出口贸易而言，2017年国内体育用品出口规模远大于进口，行业产品以外销为主，出口市场主要集中于欧洲、美国、日本等发达国家。统计显示，2017年，我国体育用品及设备出口96.6亿美元，同比增长4.5%，产品外销比例为74.77%，出口欧美份额占出口总额的近60%，占全球体育用品出口额的比例也高达41.39%，体育用品对外贸易已遍布全球200多个国家和地区，市场覆盖范围近80%[3][4]。通过近20年的发展和积淀，中国已成为全球体育用品制造行业的出口贸易大国。

三、我国体育用品制造业发展的现实需要

20世纪80年代，通过劳动力、土地、原材料等低廉的生产要素成本优势，承接全球第3次产业转移，中国已经成为世界名副其实的体育用品加工厂与代工平台。然而，体育用品制造业多年来的快发展与高增长都是以高消耗、高投入为代价的，现代化水平较低，缺乏国际竞争力和抗风险能力。伴随2008年全球金融危机的爆发，外加国内区域生产要素成本上升，部分沿海体育用品制造业生产基地开始向我国西部地区和东南亚各国转移，全球第4次产业转移浪潮也不期而至。面对目前国内外产业转移浪潮，随着环境与资源不堪重负、产能过剩及竞争过度等问题的集中爆发，社会各界已经充分认识到我国体育用品制造业发展必须摒弃传统模式，加快我国体育用品制造业转型升级步伐，实现

---

[1]体育产业生态圈．旋转跳跃：体育用品制造业从何升级？[EB/OL]．(2017-09-17)[2019-06-06]．https://baijiahao.baidu.com/s?id=15787409392498405028wfr=spider&for=pc．
[2]国家体育总局体育经济司．2017年全国体育产业总规模与增加值数据公告[EB/OL]．(2019-01-08)[2019-06-11]．Sport.gov.cn/n315/n20001395/c20022131/content.html．
[3]杨帆．2017年体育用品出口96.6亿美元，同比增长4.5%[EB/OL]．(2018-03-30)[2019-06-08]．https://d.qianzhan.com/xnews/detail/541/180330-4d4acad6.html．
[4]季雯婷，顾江．中美体育用品贸易的竞争性、互补性及增长潜力的实证分析[J]．体育科学，2018，38(8)：19-25．

从"中国制造"到"中国创造"的转变。这将是适应我国经济新常态，紧跟科技革命时代步伐，抢占产业创新制高点，构建现代体育产业内容体系，全面建成更高水平小康社会的必然选择①②。基于此语境，中国体育用品制造业转型升级的影响因素有哪些？影响效应如何？应采取什么样的策略？这些都值得深入研讨。

第二节 研究意义与主要创新点

一、研究意义

近些年来，国家已经把体育用品制造业的转型升级上升至重要的宏观战略层面。2010年3月，国务院办公厅发布了《关于加快发展体育产业的指导意见》，重点任务之一是做大做强体育用品业，包括进一步提升我国在世界体育用品业中的地位，制定完善国家标准和行业标准，加强涉及强制性标准体育用品质量监管，有效推动体育用品的品牌建设，增强我国体育用品的国际市场竞争力，打造国际一流的体育用品博览会等。2014年10月，国务院出台《关于加快发展体育产业促进体育消费的若干意见》，主要任务包括培育多元主体、优化产业布局、改善产业结构、促进融合发展等，具体涉足进一步实施品牌战略，鼓励大型体育用品制造企业加大研发投入，充分挖掘品牌价值，打造具有国际竞争力的知名体育用品企业，优化体育用品业及其相关产业结构，积极支持体育用品制造业创新发展，采用新工艺、新材料、新技术，提升传统体育用品的质量水平，提高产品科技含量等。在国家宏观政策文件的引领下，随着我国经济发展步入"新常态"，当前中国经济发展已呈现出新特征，这赋予了我国体育产业发展全新的生态环境，体育用品制造业转型升级已是大势所趋，也是国内外市场需求不断扩大的必然结果。因此，本书的研究意义主要体现在以下两个方面。

---

①刘飞飞. 我国体育用品制造业产业升级的战略分析 [J]. 体育文化导刊, 2014 (10): 114-117.
②吴进红, 吴青蔚. 制造业升级的影响因素研究——基于江苏省制造业面板数据的实证 [J]. 扬州大学学报（人文社会科学版）, 2013, 17 (6): 29-33.

（一）理论价值及意义

通过引入多学科知识和多种研究方法，从理论角度与实证角度探寻我国体育用品制造业转型升级的具体影响因素，以及这些因素对其产生的作用机制与关联效应等。同时，根据现有国情提出我国体育用品制造业转型升级的应对策略。这既是对我国体育产业理论研究的一种补充和完善，又能为学术界后续研究提供理论参考和指导。

（二）现实应用价值及意义

根据党中央、国务院文件精神，紧扣"经济新常态"思想主题，提出我国体育用品制造业转型升级的实施战略和路径选择，促进体育产业结构优化与升级，加快转变经济增长方式。这既能为我国体育用品制造企业制定相关发展战略和实施细则提供可操作性分析工具，又能为国家政府部门及其行业协会科学、有效地推进体育用品制造业转型升级提供第一手资料、数据和信息。

二、主要创新点

（一）融入多学科知识、多研究方法开展交叉综合研究的新思路

以国家经济新常态为宏观背景，融合产业经济学、发展经济学、区域经济学、市场营销学、数理统计学、计量经济学等多学科理论知识，以及数理分析、计量分析、比较分析、逻辑分析、系统分析等多研究方法展开宏观与微观、定性与定量、理论与实证相结合的交叉综合研究。

（二）运用规范化定量分析与实证研究相结合的新方法

其一，采用综合评价技术（如主成分分析、因子分析、结构方程模型、灰色模糊理论、数据包络分析等）对我国体育用品制造业转型升级的现状进行测评；其二，采用截面数据、时间序列数据及面板数据计量分析方法［如单位根检验、协整关系检验、因果关系检验、长短期动态关系检验、VAR 模型（Vector Autoregressive Model，向量自回归模型）、误差修正模型等］对我国体育用品制造业转型升级与各影响因素之间的作用机制、关联效应进行实证探究。

（三）提出我国体育用品制造业转型升级的新策略、新建议

打破现有研究的主流产业政策引领的观点桎梏或常规描述，从"经济新常态"思想内涵及其本质出发，围绕国家经济发展大环境，根据我国体育用品制造业的转型升级现状，并结合实证计量结果，基于劳动力成本上升、互联网技术与科技进步、生产性服务业快速发展等新兴视角，提出我国体育用品制造业转型升级的新策略、新建议。

第三节 研究内容与思路方法

一、研究内容

（一）研究对象

本书主要研究我国体育用品制造业转型升级的影响因素、彼此之间的作用机制和关联效应，以及其在国家经济新常态背景下如何有效实现转型升级。

（二）具体内容

本书主要围绕我国体育用品制造业转型升级的相关概念、理论基础、经营现状、综合能力、绩效水平及其影响因素等问题展开系统性探究，具体内容主要包括如下6个方面。

（1）对我国经济新常态、体育用品制造业转型升级的概念、意义、特征及其功能等维度进行理论阐述，以把握我国体育用品制造业转型升级的基本理论体系，从而为后续实证研究奠定扎实的理论基础。

（2）从宏观和微观视角出发，大致梳理影响我国体育用品制造业转型升级的主要因素，利用产业经济学、管理学、市场营销学等相关理论，结合国内体育用品制造业发展现状，就各影响因素对我国体育用品制造业转型升级的作用机制进行理论阐述。

（3）以我国体育用品制造业的利润及利润分配表、现金流量表、资产负债表、资产损益表为数据参考，围绕企业盈利能力、成长能力、运营能力和偿债能力4个维度，采用定量分析与定性分析相结合的研究方法，对近些年我国不同登

记注册类型的体育用品制造企业的主要财务指标进行纵向和横向比较，从而把握我国体育用品制造业的经营管理现状。

（4）基于企业财务发展状况、区域经济发展水平、技术创新程度、基础设施建设与人力资本供给5个维度，构建我国体育用品制造业转型升级的综合能力评价指标体系。以国家工业和信息化部颁布的《关于促进文教体育用品行业升级发展的指导意见》为依据，建构我国体育用品制造业转型升级绩效水平的评价指标体系。采用多元数理统计分析方法，对我国体育用品制造业转型升级的综合能力与绩效水平进行测度和评价，并从纵向和横向角度比较两个方面存在的差异，进而掌握我国体育用品制造业转型升级的现状。

（5）采用计量经济学、数理统计学、DEA（Data Envelopment Analysis，数据包络分析）理论中的单位根检验、协整关系检验、VAR、VEC（Vector Error Correction，向量误差修正）模型、脉冲响应函数、方差分解技术、面板数据模型估计、因子分析、主成分分析、CCR（Charnes Cooper Rhodes）模型和BCC（Banker Charnes Cooper）模型等研究方法，对我国体育用品制造业转型升级与各影响因素之间的关联性进行实证研究，涉足因素包括劳动力成本上升、生产性服务业发展、"互联网+"、研发创新水平、外商投资规模、对外贸易发展等，以期从更加微观化视角揭示各影响因素对我国体育用品制造业转型升级的作用机制及程度。

（6）归纳结论和提出建议。逐一阐述围绕本书中心思想进行理论与实证研究得出的主要结论。同时，紧扣我国"经济新常态"思想主题，随着劳动力成本不断攀升，互联网技术与科技创新水平进一步提高，生产性服务业迅猛发展，有针对性地提出我国体育用品制造业转型升级的应对策略。

二、思路方法

（一）基本思路

本书遵循提出问题（我国体育用品制造业转型升级的原因）→分析问题（转型升级现状如何？影响因素有哪些？彼此的影响机制和关联程度怎么样？）→解决问题（提出我国体育用品制造业转型升级的应对策略）的逻辑思路展开研究，如图1-1所示。

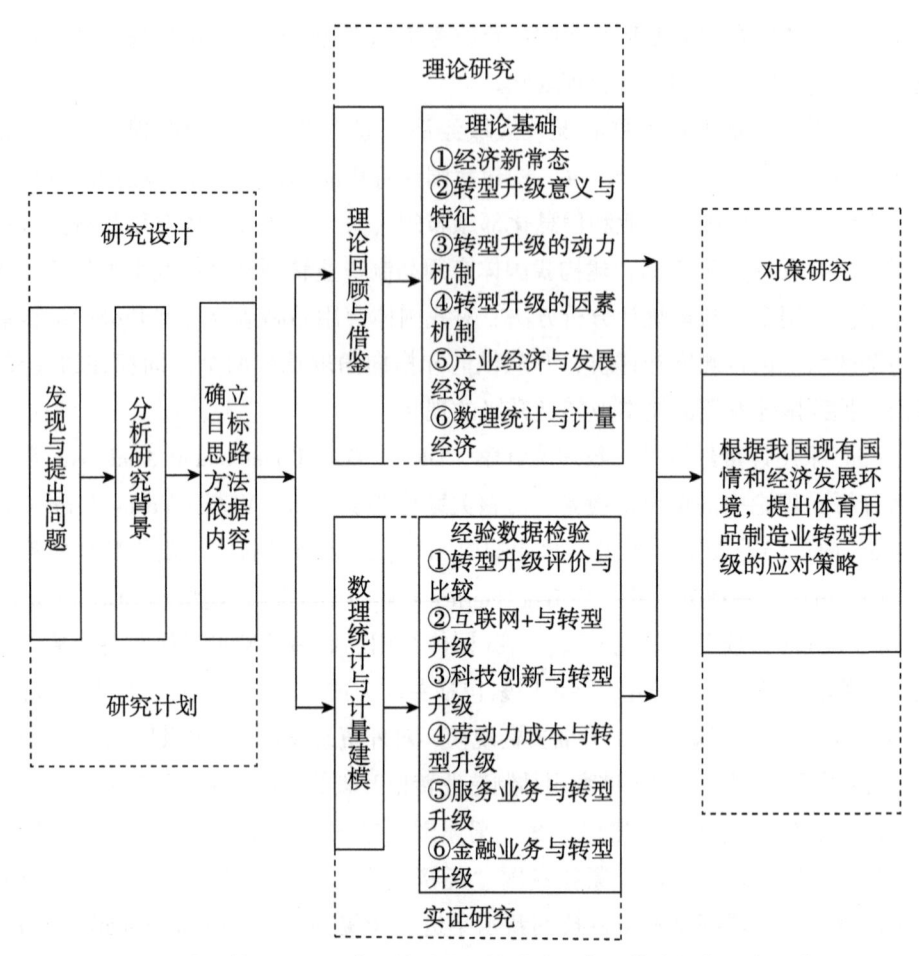

图 1-1　我国体育用品制造业转型升级的影响因素及策略研究思路设计图

(二) 研究方法

1. 文献资料法

根据本书的研究目标、主要内容及基本思路，一方面，通过国内外数字资源和国外体育产业研究权威平台和刊物，如中国知网（CNKI）、维普、万方、First Search、SpringerLink、EBSCOhost、SSCI、Sport Management、Sport Marketing Quarterly 等搜集相关文献成果并进行整理，为理论梳理、回顾及借鉴奠定基础；另一方面，通过清华大学图书馆、中国统计年鉴、中国工业经济年鉴、国家统计局官网、国务院发展研究中心、EPS 数据平台和各省、市、自治区的统计局官方网站等搜集相关数据指标并进行统计汇总，为计量建模与实证检验提供数据支撑。

2. 深度访谈法

一方面，选择具有典型代表、成功推进体育用品制造业转型升级的企业、行业协会、政府部门等进行深度访谈，并结合系统分析、内容分析、逻辑分析更为深入地了解我国体育用品制造业转型升级的现实状况、存在问题及影响因素等第一手实证资料；另一方面，通过小组讨论、小型会议、学术交流、电子邮件等方式对相关专家进行深度访谈，探讨我国体育用品制造业转型升级的应对策略。

3. 数理统计法

运用统计分析软件 SPSS 19.0 和数据包络分析软件 DEAP 2.1 对相关数据进行描述性统计分析、相关分析、因子分析、主成分分析及投入产出效率分析，了解我国体育用品制造业转型升级现状、区域发展差异性，识别我国体育用品制造业转型升级的主要影响因素。

4. 动态计量法

采用 EViews 8.0 计量分析软件对相关数据进行平稳性检验、协整检验、因果关系检验、长短期动态关系检验、面板数据的单位根与协整关系检验、误差修正模型构建等，找出各影响因素对我国体育用品制造业转型升级的作用机制和关联效应。

第二章
相关概念界定与理论基础

第一节 相关概念界定

一、中国经济新常态

目前，国内学术界对中国"经济新常态"概念界定的研究主要体现于如下几个方面：第一，关于比较范畴的界定。张军扩等研究认为，经济新常态即我国当前的潜在增速回落属于后发国家追赶进程中的阶段转换，而不是追赶周期的结束，我国的后发优势并未终结，仅是内容和结构发生改变，压缩式增长的条件与潜力仍存在，目前我国的阶段转换是从数量扩张型高速增长转向质量提升型中高速增长[1]。柳立分析认为，中国经济新常态是指目前中国经济处于增长速度换挡、结构性改革阵痛、社会矛盾越发突出的新时期，主要表现为与潜在增长率相互协调，但与过去某一时期高增长相比属于较低增长率的一种社会经济发展形态[2]。第二，关于解释性的概念阐述。黄益平研究指出，我国经济增速放缓符合预期，容忍增速放缓是为了转向新的可持续的经济增长模式。从长期来看，相对较高、可持续的增长潜力依然可期，但是经济增长速度在回升之前还将面临进一步放缓的过程[3]。郑京平分析认为，中国经济新常态即年均经济增速放缓，但仍维持在7%～8%的中高速，经济增长结构发生改变，靠吃资源饭、环境饭等的旧

---

[1]张军扩，余斌，吴振宇．增长阶段转换的成因、挑战和对策［J］.管理世界，2014（12）：12-20，37.
[2]柳立．全面认识中国经济新常态［N］.金融时报，2014-08-18（9）.
[3]黄益平．当前的经济形势与金融风险［J］.新金融，2014（8）：22-23.

发展模式正让位于以转型升级、生产率提高、创新驱动为主要内容的科学、可持续、包容性发展，国际经济环境更加复杂，国际市场竞争更为激烈[1]。第三，关于多维度含义的阐释。张占仓研究指出，中国经济新常态有着非常丰富的科学内涵，包括年均国内生产总值增速7%左右，经济发展动力呈现多元化和均衡性，新兴产业快速崛起，改革活力不断增强，年均物价总水平控制在2%~3%等[2]。李佐军分析认为，中国经济新常态的内涵比较丰富，包括表现形式多样化、发展可持续化、态势相对稳定化等维度[3]。从上述学者的研究观点不难发现，国内在关于中国经济新常态的概念界定、内涵阐释、特征描述等方面已进行了比较深入的探讨，并且对中国经济进入新常态的发展前景普遍看好，在政策支持、市场环境、资源配置等方面均有利于各业态的发展和崛起。

二、体育用品制造业

在对我国体育用品制造业的概念进行界定之前，首先有必要对其所涵盖的范畴展开研讨。2015年8月27日，《国家体育产业统计分类》由国家统计局第12次常务会议通过，并于2015年9月6日开始实施。该分类体系把体育产业范围确定为体育管理活动（01），体育竞赛表演活动（02），体育健身休闲活动（03），体育场馆服务（04），体育中介服务（05），体育培训与教育（06），体育传媒与信息服务（07），其他与体育相关服务（08），体育用品及相关产品制造（09）[4]，体育用品及相关产品销售、贸易代理与出租（10），体育场地设施建设（11）等。其中，体育用品及相关产品制造（09）又包括6个大类：体育用品制造（091），运动车、船、航空器等设备制造（092），特殊体育器械及配件制造（093），体育服装鞋帽制造（094），体育游艺娱乐用品设备制造（095），其他体育用品及相关产品制造（096），如表2-1所示。该分类标准的实施，保证了国家体育产业统计口径的一致性，便于后续开展更为深入的理论与实证研究。然而，根据中华人民共和国海关总署、中国商品贸易数据库（HS2002、HS2012、HS2017）、中国行业贸易数据库（国民经济行业分类2002、国民经济行业分类2011）制定了体育用品出口产品的归类划分标准，具体内容见表2-2。

---

[1] 郑京平. 中国经济的新常态及应对建议 [J]. 中国发展观察, 2014 (11): 42-44.
[2] 张占仓. 中国经济新常态与可持续发展新趋势 [J]. 河南科学, 2015, 33 (1): 91-98.
[3] 李佐军. 引领经济新常态走向好的新常态 [J]. 国家行政学院学报, 2015 (1): 21-25.
[4] 数值（09）表示分类代码，具体详见《国家体育产业统计分类》。

此分类标准与《国家体育产业统计分类》存在较大出入，在统计口径、维度结构、计量单位等方面的差异较明显。综上所述，从所列举的两个分类标准体系中不难看出，随着我国社会经济的全面发展与进步，体育用品及相关产品制造业的涵盖内容越发广泛，统计切入点更加细化，统计口径的一致性也逐渐提高。

表 2-1　我国体育用品及相关产品制造的分类标准体系

大类	中类	说明
体育用品制造（091）	球类制造（0911）	
	体育器材及配件制造（0912）	
	训练健身器材制造（0913）	
	运动防护用具制造（0914）	
	其他体育用品制造（0915）	
运动车、船、航空器等设备制造（092）	运动车、船、航空器等设备制造（0920）	仅包括运动船艇制造、运动航空器制造、运动休闲车及配件制造（含越野车、运动跑车、赛车、高尔夫球车、休闲雪地车、沙滩车、滑板车、卡丁车等）、潜水设备制造
特殊体育器械及配件制造（093）	特殊体育器械及配件制造（0930）	仅包括武术器械和用品，运动用枪械、运动枪械用弹，可穿戴运动监测装备，体育场馆用显示屏、计时记分系统等设备制造；卡丁车场、赛车场（含汽车和摩托车）等用显示器、计时记分设备，以及飞行用风向标、测风仪制造；无线电测向、导航、定向用电子打卡计时设备及运动轨迹实时监控系统等制造
体育服装鞋帽制造（094）	运动服装制造（0941）	仅包括田径服、球类运动服、水上运动服（含泳装）、举重服、摔跤服、体操服、体育舞蹈服、击剑服、赛车服、航空运动服、登山和户外运动服、冰雪运动服、领奖服、体育礼服等服装及其相关服饰制造
	运动鞋帽制造（0942）	仅包括纺织面运动鞋、运动皮鞋、运动用布面胶鞋、运动用塑料鞋靴及其他运动鞋制造，运动帽、游泳帽制造
体育游艺娱乐用品设备制造（095）	体育游艺娱乐用品设备制造（0950）	仅包括台球器材及配件、沙狐球桌及其配套器材、桌式足球器材及配件、棋类娱乐用品、牌类娱乐用品、专供游戏用家具式桌子制造，带动力装置仿真运动模型及其附件制造，保龄球设备及器材制造

续表

大类	中类	说明
其他体育用品及相关产品制造（096）	其他体育用品及相关产品制造（0960）	仅包括运动饮料、运动营养品生产，按摩器材、户外帐篷制造，人造运动草坪、运动地板、运动地胶、体育场馆看台座椅、移动游泳池等制造

表 2-2　体育用品出口贸易产品的分类标准体系

大类	中类	小类
体育用品出口贸易产品	滑雪屐（950611）	滑雪屐（95061100）
	滑雪屐扣件、滑雪屐带（950612）	滑雪屐扣件、滑雪屐带（95061200）
	其他滑雪器械（950619）	其他滑雪器械（95061900）
	帆板（950621）	帆板（95062100）
	滑水板、冲浪板及其他水上运动器械（950629）	滑水板、冲浪板及其他水上运动器械（95062900）
	完整的高尔夫球棍（950631）	完整的高尔夫球棍（95063100）
	高尔夫球（950632）	高尔夫球（95063200）
	其他高尔夫球器械（950639）	其他高尔夫球器械（95063900）
	乒乓球用品及器械（950640）	乒乓球（95064010） 其他乒乓球用品及器械（95064090）
	草地网球拍（950651）	草地网球拍（95065100）
	羽毛球拍或类似球拍（950659）	羽毛球拍或类似球拍（95065900）
	网球（950661）	网球（95066100）
	可充气的运动用球（950662）	足球、篮球、排球（95066210） 其他可充气的运动用球（95066290）
	其他运动用球（950669）	其他运动用球（95066900）
	溜冰鞋及旱冰鞋，包括装有冰刀的溜冰靴（950670）	溜冰鞋，包括装有冰刀的溜冰靴（95067010） 旱冰鞋（95067020）
	一般的体育活动、体操或竞技用品及设备（950691）	跑步机（95069111） 其他健身及康复器械（95069119） 滑板（95069120）

续表

大类	中类	小类
体育用品 出口贸易产品	一般的体育活动、体操或竞技用品及设备（950691）	未列名一般体育活动、体操或竞技用品及设备（95069190）
	其他运动或户外游戏用设备，游泳池或戏水池（950699）	其他运动或户外游戏用设备，游泳池或戏水池（95069900）

目前，国内学术界对于体育用品制造业发展问题已进行比较广泛的研究，其中也涉及体育用品制造业的概念界定。例如，卢佩霞分析认为，体育用品制造业是指所有从事体育相关产品生产经营活动企业的集合体，包括体育器材、体育设备、运动服装等[1]。刘建刚和连桂红研究指出，体育用品制造业是专门从事体育竞赛、体育健身、体育娱乐等一切与体育活动相关的生产经营活动的企业集合[2]。周岩松和童莹娟研究认为，体育用品制造业是指直接从事体育竞赛、体育健身、体育娱乐等一切与体育活动相关的最终体育用品，以及与之紧密相连的辅助体育用品生产经营活动的单位集合[3]。孔令夷分析认为，体育用品制造业是指为运动员及体育爱好者提供运动项目适用的运动服饰、体育器材等的生产与流通业[4]。乔永忠和陈璇研究指出，体育用品制造业是体育产业发展的早期形态，其产业范围宽泛，涵盖了运动服装和鞋帽、体育器材装备等众多大类产品，是体育产业发展的重要形态，并日益成为中国体育产业发展的支柱产业[5]。综上所述，通过对我国体育用品制造业的分类体系及相关概念的梳理发现，社会各界已充分认识到体育用品制造业对中国体育产业发展的重要意义，伴随社会经济的全面推进，不管是在学术研究层面，还是在行业发展实践层面，关于体育用品制造业的概念与范畴将不断得到深化。

三、体育用品制造业转型升级

在经济新常态下，粗放式的体育用品制造业发展模式已不能适应国家生态文

---

[1] 卢佩霞. 永康体育用品制造产业集群竞争力与发展对策 [J]. 经济论坛, 2007 (18): 24-27.
[2] 刘建刚, 连桂红. 山东省体育用品制造业市场结构的实证研究 [J]. 山东体育学院学报, 2007 (6): 22-24.
[3] 周岩松, 童莹娟. 我国体育用品企业品牌发展现状及对策研究 [J]. 思想战线, 2011, 37 (S2): 428-430.
[4] 孔令夷. 我国体育用品业发展现状、特征及趋势预测 [J]. 科技管理研究, 2013, 33 (18): 212-220.
[5] 乔永忠, 陈璇. 体育用品制造业终止和有效专利维持时间 [J]. 武汉体育学院学报, 2018, 52 (6): 56-63.

明建设的基本要求，在目前国家整体经济增速放缓的大环境下，体育用品制造业作为我国体育产业的支柱，必须实现从低附加值向高附加值转变，力争成为中国经济发展的新兴增长点。体育用品制造业转型升级包括体育用品制造业转型和升级两个方面。其中，转型是指通过装备升级、设备换代、技术更新等，以提高体育用品制造业生产效率、物资利用率为目标的改造活动；升级是指体育用品制造业向全球（全国、区域）价值链的两端不断攀升，即上游价值链涵盖相关产品的设计、研发、创新等，下游价值链包含市场开发、营销渠道、售后服务、品牌经营与管理等[①]。在此还需特别强调，我国体育用品制造业的转型不是转行，升级不仅仅是设备升级，转型升级也是来自需求端的倒逼。根据2017年国内外经济增长新形势，结合我国体育用品制造业发展现状，其转型升级过程面临的几个主要转变是：从狭义外向型向全面开放型转变；从加工制造型向创新创造型转变；从劳动资源密集型向资本智力密集型转变；从跟随引进型向自主引领型转变；从简单规模扩张型向综合效益提升型转变；从粗放消耗型向集约环保型转变。

自2017年以来，行业经济的转型升级已成为社会各界关注的热点问题。体育用品制造企业作为体育用品制造行业的基本单元，其从成立之初就开始承受着各种挑战，而各体育用品制造企业的转型升级也无不经历着从无到有—从有到优—从优到强—从强到大—从大到久的层层蜕变。因此，为了更加深入地理解体育用品制造业转型升级的内涵，还需要回归到各体育用品制造企业生存和发展的本源上来。体育用品制造企业的首要任务是生存，而生存的前提保障是健康经营与管理，这样企业谋划更长远的发展才成为可能。体育用品制造企业转型升级的进阶性目标可分为如下层次：最低目标是在体育用品制造行业内能够立足，其次是在某一特定区域内做到小而强，更高目标是实现全国范围内的行业领先，甚至成为该行业的冠军企业，最高目标是力争赶超国际知名运动品牌，成为世界范围的领先企业，如图2-1所示。在这一过程中，体育用品制造企业的转型升级涉及诸多维度，如研发创新维度的模仿→（模仿+改进）→（模仿+改进+原创）等；业务维度的销售→（销售+生产）→（销售+生产+库存）等；市场维度的区域→（区域+全国）→（区域+全国+全球）等。然而，不管是研发创新维度，还是业

---

①汤杰新，唐德才，马婷玉．制造业转型升级研究综述与新常态下的展望［J］．改革与开放，2016，444（15）：15-16，25．

务维度和市场维度，体育用品制造企业的转型升级只有从理念、技术、管理、产品及工艺5个方面同时发力，才能更加全面、透彻地实现企业转型升级[①]。因此，从企业层面来把握转型升级的推进过程及其内容维度，也是对深入理解我国体育用品制造业转型升级内涵的有益补充。

体育用品制造企业 → 健康经营与管理 → 做到区域小而强 → 实现行业冠军 → 力争世界领先

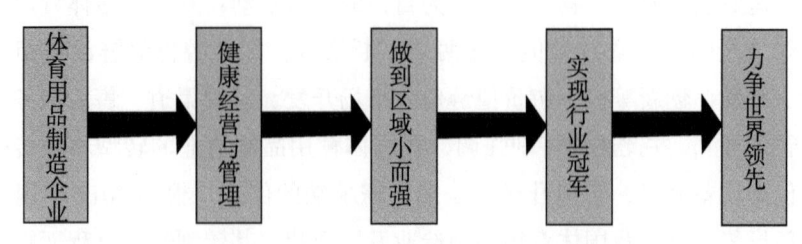

图2-1 体育用品制造企业转型升级的进阶性目标

第二节 相关理论基础

一、现代服务业发展与体育用品制造业转型升级

（一）现代服务业发展对体育用品制造业转型升级的影响

现代服务业是体育用品制造业发展竞争力的重要源泉，其在体育用品制造业转型升级过程中具有非常重要的影响。第一，根据社会分工与专业化要求，我国体育用品制造业逐渐把内部的服务业独立出来，从而提高了企业的生产经营效率。现代服务业的快速发展是提升体育用品制造业价值链的关键因素，通过技术和知识的输出，能够提高体育用品制造业的创新能力，增加相关产品的附加值，进一步增强体育用品制造业的核心竞争力。第二，现代服务业作为社会生产的"润滑剂"，其交易方式与技术的创新变革，有助于缩减体育用品制造业的交易成本，如运输、保险、员工薪酬等。现代服务业的快速发展也可使体育用品制造企业聚焦于自身的优势环节，并产生最大化的规模经济效应，进而降低体育用品制造业的生产和交易成本。第三，现代服务业的涵盖范畴非常广泛，如市场调

[①]邓恒进.制造企业"转型升级"的内涵理解[EB/OL].（2017-07-06）[2019-07-01].http://www.sohu.com/a/154829188_761214.

研、研发设计、售后服务、市场营销等，在体育用品制造业转型升级过程中，这些业务均能够在不同程度提高体育用品制造业的产品附加值，扩大企业利润空间。现代服务业也是信息技术与体育用品制造业的"黏合剂"，可将大数据、云计算、物联网等新兴技术融入体育用品制造业的研发、设计、生产、销售等各环节，逐步实现从"中国制造"向"中国智造"的转型升级[①]。

(二) 现代服务业推动体育用品制造业转型升级的作用机制

根据社会分工理论，分工协作能够提高劳动生产效率，产生规模经济效应。产业分工的存在使我国体育用品制造业的各生产环节更加专业化和精细化，生产效率得以大幅提升，在保障产品品质的同时，也增强了产品的核心竞争力。另外，产业分工使体育用品制造业的生产、经营、管理等环节的迂回程度进一步增大，迂回程度的增大延长了体育用品制造业的各生产环节，而各生产环节所需的中间投入也相应增加，从而扩大了体育用品制造业对现代服务业的需求。

依据经济增长理论，人力资本、技术进步及其知识积累是推动社会经济增长的重要动力。现代服务业作为中间投入行业，具有资本、技术及知识密集性特征，其能够将人才、技术和知识资本引入体育用品制造业，扮演了"关键桥梁"的角色。同时，现代服务业也可利用高级人才与新兴技术把自身所具备的各种要素注入体育用品制造业的工艺设计和生产过程，实现体育用品制造业在工艺设计与生产方式上的创新，提高产品核心竞争力，促使体育用品制造业向价值链两端延伸，进而实现体育用品制造业的转型升级。

根据创新发展理论，创新即将某种新的生产要素与生产条件的新结合引入生产体系[②]。伴随云端计算、大数据等新兴技术的快速崛起，现代服务业已经成为提高我国体育用品制造业市场竞争力的主要动力，顺应时代高端科技的不断革新，增强信息技术的推广应用已成为体育用品制造业转型升级、创新驱动的制高点，通过持续变革与创新服务业态，进一步推动我国体育用品制造业迈向数字化、智能化、服务化及网络化，全面实现体育用品制造业的转型升级战略。

依据交易成本理论，随着社会的不断进步，经济结构的日趋优化，现代服务业取得快速发展，作为更加专业化的服务部门，其具备专业的人才、技术、知识

---

① 贾莹，王铁山，徐玲. 生产性服务业对制造业转型升级的作用机制研究 [J]. 技术与创新管理, 2016, 37 (1): 76-81.
② 欧阳文霞. 论供应链环境下的合作创新 [J]. 地质技术经济管理, 2004, 26 (6): 7-9.

及生产工艺等。因此，现代服务业所提供的服务水平也是高质量与高效率的，服务费用也伴随规模效应的产生而更加合理、公平。一般而言，企业以追求利润最大化为主要目标，为压缩生产成本，体育用品制造企业会放弃自身的弱势环节，选择通过购买专业化的服务来进行生产，这不仅能降低体育用品制造企业的各项成本，还能培育自身的核心竞争优势，提高企业生产经营效率，最终实现我国体育用品制造业的转型升级。

二、劳动力成本上升与体育用品制造业转型升级

（一）劳动力成本上升对体育用品制造业转型升级的影响

在过去很长一段时期内，由于我国人口数量众多，且相对于其他国家（地区）更加廉价，我国的劳动力成本优势在区域国际化竞争中充分展现。基于此背景，我国低廉的劳动力成本吸引了大批跨国企业进驻，使外商投资规模迅速扩张，对中国社会经济的发展具有明显的促进作用，中国社会经济的快速崛起也为我国体育用品制造业提供了更好的发展契机。当然，目前国内体育用品制造业仍处于转型升级阶段，还是以劳动密集型企业为主，其对劳动力的需求非常迫切。然而，伴随我国经济发展实力的快速崛起，人民生活水平的不断提高，高等教育事业的持续推广与普及，人口增长速度放缓，我国劳动年龄人口不断减少，外加服务业经济的快速发展，国内劳动力成本加速上涨，低廉的劳动力成本优势已不复存在。因此，我国劳动力成本上升已是社会发展过程中不可逆的现实。国家劳动力成本的整体上升将使我国体育用品制造企业的生产经营成本增加，劳动力成本优势减弱，体育用品制造业的市场竞争力下滑，这对我国体育用品制造业的转型升级也将带来较大影响。劳动力成本上升会倒逼我国体育用品制造企业转型升级，在劳动力成本上升的大环境下，体育用品制造企业为了继续生存，必须考虑新的出路或不同的生产经营方式。例如，通过人才培养、技术引进、产品研发、资源配置、设备更新等途径，对体育用品制造企业进行转型升级，从而提高企业生产经营效率，增强企业核心竞争力。这种倒逼机制加快了我国体育用品制造业的转型升级步伐，不仅缓解了因劳动力成本上升给体育用品制造企业造成的生产压力和经营压力，还使我国体育用品制造业由传统的劳动力投入转向人才、技术、资本投入的发展模式。

（二）劳动力成本上升推动体育用品制造业转型升级的作用机制

劳动力成本上升通过作用于某国（地区）的收入水平、消费结构、要素禀赋结构、资源环境等方面，从而对我国体育用品制造业的转型升级产生影响。一般理论作用机制主要表现为以下几个方面。

第一，劳动力成本上升通过相互关联机制影响我国体育用品制造业的转型升级。劳动力成本上升可提高劳动者的支付能力，并使劳动者的个人财富得到更快积累。基于这种情况，劳动者会不断加大对自身及其子女教育的投入力度，以提升社会价值，从而获得更好的就业岗位和更高的收入水平。社会人力资本在数量与质量上的双向提高，将助推技术进步，进而驱动体育用品制造业转型升级。随着人们受教育程度和技能水平的不断提高，人均收入水平持续上涨，当今社会劳动者的择业行为发生了深刻变化，主要表现为趋向于服务化与高端化。这将使我国低端体育用品制造企业面临更趋严峻的"招工难"问题，高端体育用品制造企业将迎来更好的发展契机，这在一定程度上促进我国体育用品制造业转型升级[1]。

第二，劳动力成本上升通过消费结构影响体育用品制造业的转型升级。根据林德的需求偏好相似理论，影响某国（地区）居民消费需求结构的关键因素是人均收入水平。国家（地区）人均收入水平的高低决定了居民消费需求的档次及类型，这将在不同程度上影响行业经济结构的发展。随着我国人均收入水平的快速增长，居民体育消费意识不断增强，人们对体育用品的消费需求越发注重产品品牌、质量、款式和舒适度等，对产品核心技术能力与功能多样化的要求也越来越高。因此，我国低端体育用品加工与制造将逐步向中高端迈进，并会成为市场消费需求的主体。市场消费需求作为体育用品制造企业的生命线，在劳动力成本上升的背景下，消费结构的不断演化与升级必将驱动我国体育用品制造业从劳动密集型向资本密集型和技术密集型转变。

第三，劳动力成本上升通过某国（地区）要素禀赋结构作用于体育用品制造业的转型升级。伴随我国劳动力成本的持续攀升，劳动要素会变得更加昂贵，生产经营成本越来越高，已经接近或超过发达国家，作为劳动密集型的体育用品

---

[1] 阳立高，刘念念，柴江艺，等．劳动力成本与利润差异对制造业升级的影响研究［J］．财经理论与实践，2016，37（2）：112-117．

制造业的利润空间越来越小。相反，劳动力成本上升会促进资本积累，提高居民储蓄率，降低资本要素成本，使资本密集型和技术密集型体育用品制造业的利润空间越来越大。在劳动要素价格持续上升、资本要素成本下降及其技术不断革新的大环境下，某国（地区）的要素禀赋结构也将受到较大影响，日益昂贵和稀缺的劳动力将被日渐廉价与富足的资本及其技术取代，进而推动我国体育用品制造业转型升级[①]。

三、"互联网+"与体育用品制造业转型升级

（一）"互联网+"对体育用品制造业转型升级的影响

第一，"互联网+"对体育用品制造业生产流程的影响。"互联网+"对我国体育用品制造业生产流程的影响主要表现为流程创新和效率提升，具体呈现出和工业4.0的对接。工业4.0强调智能化生产及智能化工厂，以信息物理系统（Cyber-Physical Systems，CPS）为核心，通过深度融合计算机、网络技术与物理环境，构建复杂的多维度工业生产系统，实现从原材料供应到生产、加工、运营等各环节端对端的集成，从根本上提高我国体育用品制造业的生产和运作效率。另外，通过整合全国区域体育用品制造业的不同资源，实现各种资源的优化配置，搭建柔性生产系统以适应大规模定制加工与生产，表现出无边界开放管理、个性化用户驱动、大数据智能决策、云端制造实时协调等特点。

第二，"互联网+"对体育用品制造业相关产品的影响。从产品需求视角来看，互联网技术改变了人与产品之间的时空距离，通过网络实现人和产品的有效连接，激发了诸多与互联网相关的产品需求，体育用品制造企业又能从网络中快速、准确地获取这些产品需求信息，实时把握市场需求动向。就产品设计视角而言，产品设计在一定程度上决定了体育消费者对产品的喜好程度，时空距离缩短，人与产品之间的互动关系不断增强，这使产品设计更加趋于完善，体育用品制造企业会更多地考虑感官、交互、时尚及文化等方面的元素，以提高相关体育产品的感官体验和人文关怀。从产品销售视角来看，以互联网为载体构建的体育消费者社区，聚集了拥有相似价值观的社会群体，进而再通过网络向人们传播体

---

① 徐昊天，伍思齐，严朗，等. 劳动力成本上升对中国劳动密集型制造业转型升级的影响 [J]. 市场研究，2017（11）：4-5.

育产品价值观,为各成员提供一个思想交流和知识传递的平台,逐步实现"粉丝经济"效应。

第三,"互联网+"对体育用品制造业产业结构的影响。毋庸置疑,互联网已成为新经济社会中资源配置的重要工具,其能更加有效利用体育用品制造业的剩余产能,进一步节约社会资源。另外,我国制造业服务化的趋势将使体育用品制造企业把更多资本投入新产品、新技术的研发和创新,促进传统封闭式生产模式向现代开放式生产模式转变,逐步实现我国体育用品制造业转型升级。随着互联网的不断推广与应用,越来越多的新兴高端技术产业得以快速发展。依据比较优势理论,目前中国已具备较为完善的工业生产体系,借助互联网可以进一步提高体育用品制造业相关产品的价值,在国际市场竞争中拥有更强的比较优势。根据产业关联理论,我国体育用品制造业存在前后相关联产业,这能刺激上下游产业新产品、新技术、新服务的产生,通过扩散及放大效应,形成一定的产业聚集优势,从而助力社会新兴产业部门的形成和发展。"互联网+"能通过众创、众包等创新模式,发现具备比较优势的体育用品制造业产品,以促进相关产品升级和换代,不断激发社会大众的购买意愿,进而优化我国体育用品制造业的产业结构[1]。

(二)"互联网+"推动体育用品制造业转型升级的作用机制

第一,我国传统体育用品制造业的发展主要依靠规模扩张和要素投入,随着自然环境不堪重负,要素资源供给越发紧张,其可持续发展将面临巨大挑战。在"互联网+"背景下,体育用品制造业作为我国体育产业的重要支柱,也是推广与实施"互联网+"行动的阵地之一,体育用品制造业与互联网的创新融合发展将成为抢占新时期我国体育用品制造业市场竞争的制高点,是提高我国体育用品制造业综合竞争力的必然选择。在经济新常态下,大力推动我国体育用品制造业与互联网的创新融合,实现体育用品制造业向智能化、节能增效等方面的转型升级,构建以用户体验为中心的信息平台,提升体育用品制造业的产品质量,全面增强体育用品制造业核心竞争力,为我国体育用品制造业加快新旧发展动能转换提供有效支撑。因此,"互联网+"背景下推动我国体育用品制造业的转型升级,

---

[1] 石喜爱,季良玉,程中华."互联网+"对中国制造业转型升级影响的实证研究——中国2003—2014年省级面板数据检验[J].科技进步与对策,2017,34(22):64-71.

使传统体育用品制造业能够焕发更强生机，这既是推进中国体育用品制造业高质量发展的必然选择，又是扭转体育用品制造业"大而不强"态势的新动能，更是提高我国体育用品制造业核心竞争力的根本动力。

第二，国家创新驱动发展战略对体育用品制造业转型升级提出了新目标和新要求，以科学技术创新为核心，加快推进体育用品制造业与互联网的融合发展，是实现我国体育用品制造业转型升级的迫切需求。在现代信息技术手段不断更新换代的大环境下，要充分运用互联网思维，通过科技创新实现我国体育用品制造企业产品的柔性化生产、个性化定制及网络化营销等，使互联网助力体育用品制造业做大做强。在生产加工领域，利用互联网能够实现产品研发、设计、制造、包装、物流等全产业链的信息化与智能化，促使体育用品制造业各环节的系统集成和无缝衔接，逐步实现全流程信息的共享，提高我国体育用品制造业的生产经营效率；在产品销售领域，可充分借助互联网对虚拟体验、社群营销、个性化产品定制等新兴发展模式展开宣传和推广，全面增强我国体育用品制造业产品的市场竞争力；在原材料供给领域，通过互联网推进我国体育用品制造业各环节与原材料供给的有效衔接，能够为体育用品制造业原材料供给提供智能化、协同化、平台化的新运营模式。因此，充分发挥互联网的各种优势，让更多体育用品制造企业了解互联网思维，借力科学技术创新不断增强我国体育用品制造业的市场竞争力。

第三，市场作为我国体育用品制造业的主战场，消费需求是体育用品制造业发展的重要导向，并引领着体育用品制造企业的各环节，对相关产品的研发、设计、生产、加工、包装、营销及售后服务等均具有较强影响力。在"互联网+"发展日新月异的当代社会，市场消费需求在用户与体育用品制造企业之间发挥着非常重要的"桥梁"作用，体育用品制造企业将始终以"用户"为中心，转变传统的以企业为本的经营理念，实现体育用品制造企业发展战略与消费需求的供需匹配。鉴于这一背景，体育用品制造企业的价值不仅仅存在于产品本身及其流通环节，更多存在于其利用互联网与用户互动的能力及产品质量、售后服务反馈等相关大数据中，最终通过市场消费需求导向回归于各体育用品制造企业为用户创造有效价值之上。近些年来，我国居民体育消费需求结构正发生显著改变，互联网络的快速发展提升了消费者的话语权，体育消费市场也逐步由"卖方"市场转变为"买方"市场，特别是在实物类体育消费方面，居民对体育用品的产品品质、外观设计、品种规格、安全舒适、个性特征等方面的要求越来越高。因此，随着国家综合发展实力的不断强盛，国民文化素质整体提升，人均收入水平日渐提高，人们对体育用品产品的消费需求也将越来越高，这也将成为我国体育用品制造业实现转型升级的根本动力[①]。

第三节 小 结

本章对涉足的主要相关概念、理论基础等进行大致梳理。相关概念界定包括中国经济新常态、体育用品制造业、转型升级、体育用品制造业转型升级。相关理论基础分为三个方面：

①现代服务业发展与体育用品制造业转型升级。包括现代服务业发展对体育用品制造业转型升级的影响、现代服务业推动体育用品制造业转型升级的作用机制。

②劳动力成本上升与体育用品制造业转型升级。包括劳动力成本上升对体育用品制造业转型升级的影响、劳动力成本上升推动体育用品制造业转型升级的作用机制。

③"互联网+"与体育用品制造业转型升级。包括"互联网+"对体育用品制造业转型升级的影响、"互联网+"推动体育用品制造业转型升级的作用机制。

---

① 熊曦，张为杰，余绍辉．"互联网+"背景下湖南制造业转型升级的动力机制研究［J］．商学研究，2019，26（2）：115-122．

第三章
我国体育用品制造业主要财务指标分析

　　体育用品制造业作为我国体育产业发展的核心部分，也是国民经济增长的潜在动力，在当前经济发展新常态下，国内体育用品制造业面临着产业转型，一方面，从生产低端、低附加值产品向生产高端、高附加值产品转移；另一方面，通过"互联网+"对体育用品制造业进行深刻的业态转型升级。在当前这种宏观经济发展环境下，随着人们体育健身和消费意识的不断增强，我国体育用品制造业进一步发展，企业数量与产出规模日渐提升，企业类型呈现多元化发展趋势。随着中国加入世界贸易组织及近年来我国在外事活动中的显著影响力，越来越多的外商和我国港澳台投资企业加入国内体育用品制造市场的竞争行列中。这些不同登记注册类型的体育用品制造企业作为我国体育产业内容体系的基本元素，在国家社会经济建设中发挥着举足轻重的作用，其发展好坏将直接影响我国行业经济的运行效率。

　　然而，与其他登记注册类型（国有、集体、股份合作、私营等）的体育用品制造企业相比，这些企业在发展规模、资金实力、营运状况、经营管理等方面是否存在差距？差距到底有多大？通过相关文献检索发现，目前国内鲜有学者涉足此方面的研究工作，现有成果主要是探讨我国体育用品行业上市公司的财务危机预警、财务风险及财务效率评估等。例如，王建宇等采用文献资料法、德尔菲法、行业绩效对标法等，构建体育用品上市公司财务危机评价指标体系，并运用企业绩效量表的形式对探路者集团公司财务指标进行实证分析[1]；蔡兴林和张高雅根据2009—2016年中外13家体育用品上市公司的财务数据，运用Z-score模

---

[1] 王建宇，王兴一，王峰.体育用品行业上市公司财务危机预警研究［J］.技术经济与管理研究，2019（5）：74-80.

型选取 5 个二级财务指标和 22 项三级财务指标数据进行财务风险评估[1]；刘战伟基于财务分析视角，以李宁公司为例，分析了我国体育用品上市公司的财务效率，指出其存在的主要问题，并提出相关对策和建议[2]。

鉴于此，本章尝试从财务指标视角出发，对不同登记注册类型的体育用品制造企业相关财务指标进行比较分析，以期找出彼此之间在盈利能力、成长能力、运营能力和偿债能力等方面的差异性，为相关投资者、决策者及管理者提供参考依据[3][4]。同时，根据我国体育用品制造业主要财务指标的比较分析结果，发现各自的竞争优势、不足和机遇，为开展我国体育用品制造业转型升级的现状评价奠定基础。

第一节 样本选取、研究方法与数据来源

一、样本选取

本章以我国不同登记注册类型的体育用品制造企业的相关财务指标为研究对象。根据国家统计局、国家工商行政管理局《关于划分企业登记注册类型的规定》，以及国家统计局对于体育用品制造企业的类型划分标准，选取国有企业、集体企业、股份合作制企业、股份制企业、私营企业、外商和港澳台投资企业六大类体育用品制造企业作为分析样本。

二、研究方法与数据来源

（一）研究方法

1. 文献资料法

通过 CNKI、万方、维普等数字资源，搜集并阅读相关文献资料，为设计结

---

[1]蔡兴林，张高雅. 中国体育用品上市公司财务风险状况评估与预警研究——基于 2009—2016 年财务数据[J]. 西安体育学院学报，2019，36（3）：282-289.
[2]刘战伟. 基于财务分析视角的中国体育用品上市公司财务效率研究——以李宁公司为例[J]. 西部财会，2017（2）：39-43.
[3]崔丹. 我国商业银行主要财务指标比较研究[J]. 金融财税，2012（10）：18-20.
[4]沈静宇. 国有与外资餐饮企业主要财务指标比较分析[J]. 沈阳师范大学学报（社会科学版），2004，28（6）：48-50.

构框架奠定基础。

2. 比较分析法

从我国体育用品制造企业的盈利能力、成长能力、运营能力和偿债能力四个方面出发，对2012—2015年我国六大类体育用品制造企业的主要财务指标进行对比分析，找出这些企业在资金实力、营运状况、经营管理等方面的差异性，为后续实证研究奠定基础。

3. 数理统计法

运用计算机软件 Microsoft Excel 2010 与 SPSS 19.0，对我国六大类体育用品制造企业的各项财务指标数据进行描述性统计分析，并结合图表进行直观反映，从定量角度反映彼此之间的差异性。

(二) 数据来源

本章围绕我国体育用品制造企业的盈利能力、成长能力、运营能力及偿债能力四个方面，获取相应的财务指标8项，即主营业务利润率、总资产利润率、总资产增长率、主营业务收入增长率、应收账款周转率、总资产周转率、流动比率和资产负债率，借助计算机软件对其进行汇总与整理。所有财务指标数据均来源于清华大学图书馆官网（http://lib.tsinghua.edu.cn）、国家统计局官网（http://www.stats.gov.cn/）和EPS数据平台（http://www.epsnet.com.cn/），其中时间期限为2012—2015年，相关财务指标原始数据如附件1所示。

第二节 我国体育用品制造企业主要财务指标比较

一、盈利能力

盈利能力是指体育用品制造企业在正常的运营状态下赚取利润的能力，通常表现为一定时期内企业收益数额的多少。无论是投资者还是债权人均认为企业的盈利能力是非常重要的，因为健全的财务状况需由较高水平的盈利能力来支撑。通过对体育用品制造企业盈利能力的比较分析，能够发现企业在经营管理过程中出现的一些问题。衡量企业盈利能力的财务指标较多，本章主要选取主营业务利润率和总资产利润率进行对比分析①。

(一) 主营业务利润率

由图 3-1 可知，2012—2015 年国有体育用品制造企业主营业务利润率连续 4 年排名垫底，2012 年和 2013 年均为负值，分别是-1.20%、-2.40%。集体企业主营业务利润率 2013 年略低于股份制企业，其余 3 个年份中均排名首位，尤其是 2015 年与其他 5 种类型体育用品制造企业的差距更加明显。2012—2015 年，国有企业和集体企业主营业务利润率的波动幅度较大，股份制企业、私营企业、股份合作制企业、外商和港澳台投资企业主营业务利润率的演变轨迹相对较平稳。

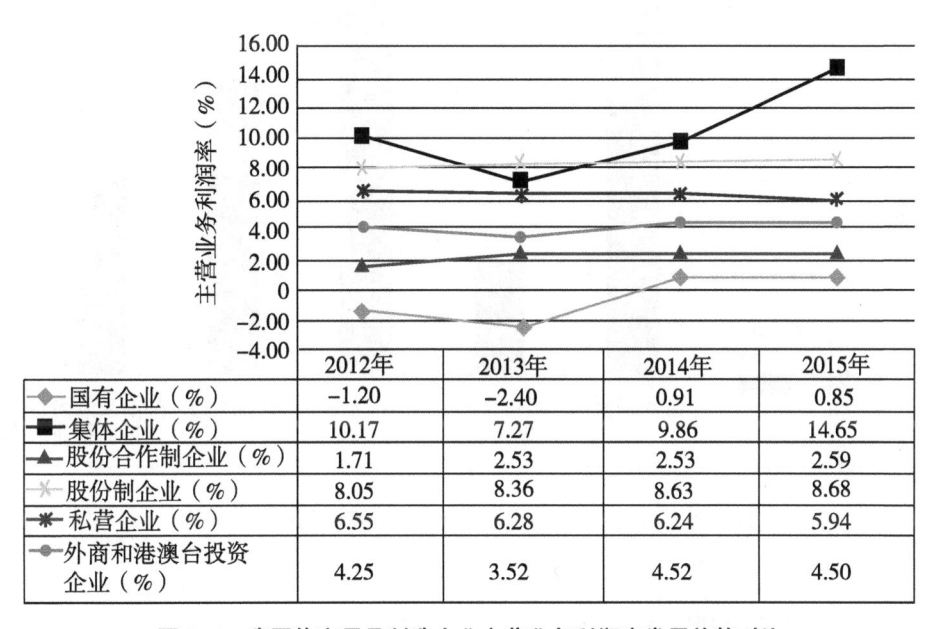

主营业务利润率（%）	2012年	2013年	2014年	2015年
国有企业（%）	-1.20	-2.40	0.91	0.85
集体企业（%）	10.17	7.27	9.86	14.65
股份合作制企业（%）	1.71	2.53	2.53	2.59
股份制企业（%）	8.05	8.36	8.63	8.68
私营企业（%）	6.55	6.28	6.24	5.94
外商和港澳台投资企业（%）	4.25	3.52	4.52	4.50

图 3-1　我国体育用品制造企业主营业务利润率发展趋势对比

从图 3-2 可知，2012—2015 年我国六大类体育用品制造企业主营业务利润率的均值大小顺序依次为集体企业（10.49%）、股份制企业（8.43%）、私营企业（6.25%）、外商和港澳台投资企业（4.20%）、股份合作制企业（2.34%）、国有企业（-0.46%）。主营业务利润率是主营业务利润与主营业务收入的百分

---
① 郭玲玲，王平心．中西部基于财务指标的地区核心竞争力比较——河南与陕西地区的比较 [J]．科技进步与对策，2006（3）：87-89．

比值，该指标值越大，说明产品附加值越高，主营业务市场竞争力越强，发展潜力越大，获利水平越高。由此表明，我国国有体育用品制造企业的获利水平呈负增长状态，其余五大类体育用品制造企业的获利水平均呈现正向增长，但是彼此之间的差距仍较大。

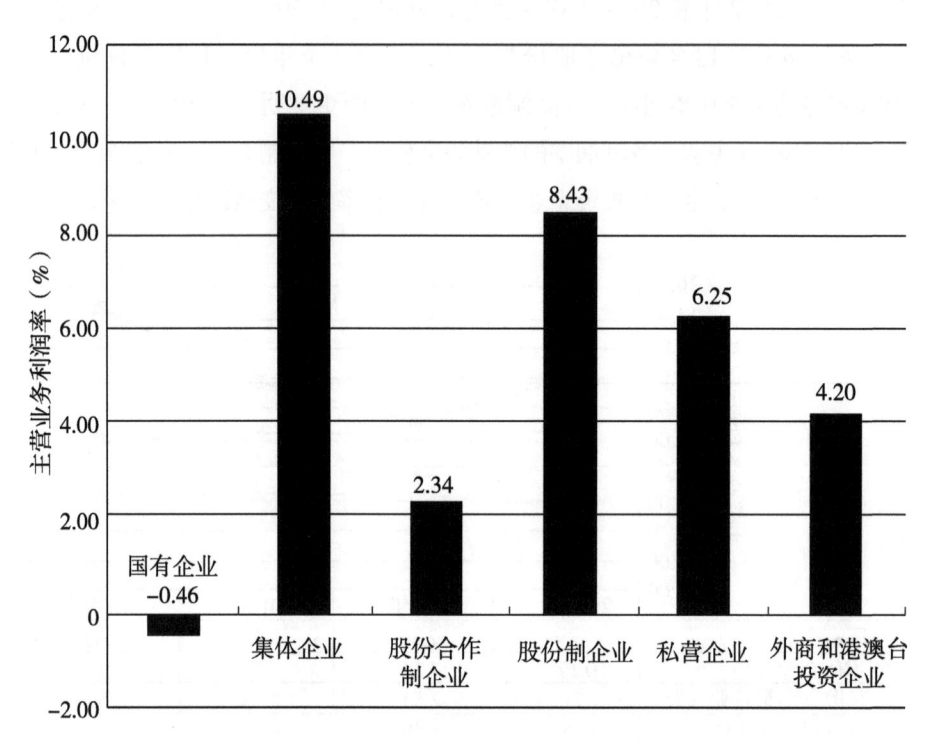

图 3-2 我国体育用品制造企业主营业务利润率均值对比

（二）总资产利润率

由图 3-3 可知，2012—2015 年集体体育用品制造企业的总资产利润率均位于最高水平，尤其是在 2012 年、2014 年和 2015 年其总资产利润率远远超出其余五种体育用品制造企业。但是，集体企业总资产利润率的波动幅度较大，2014 年最高达 31.26%，2013 年最低为 14.44%。2012—2015 年国有企业的总资产利润率仍处于最低水平，2012 年与 2013 年均为负值，分别是 -0.77%、-1.39%。私营企业的总资产利润率呈平稳下滑趋势，股份合作制企业表现为波动性上升趋势，股份制企业、外商和港澳台投资企业呈稳定保持状态。

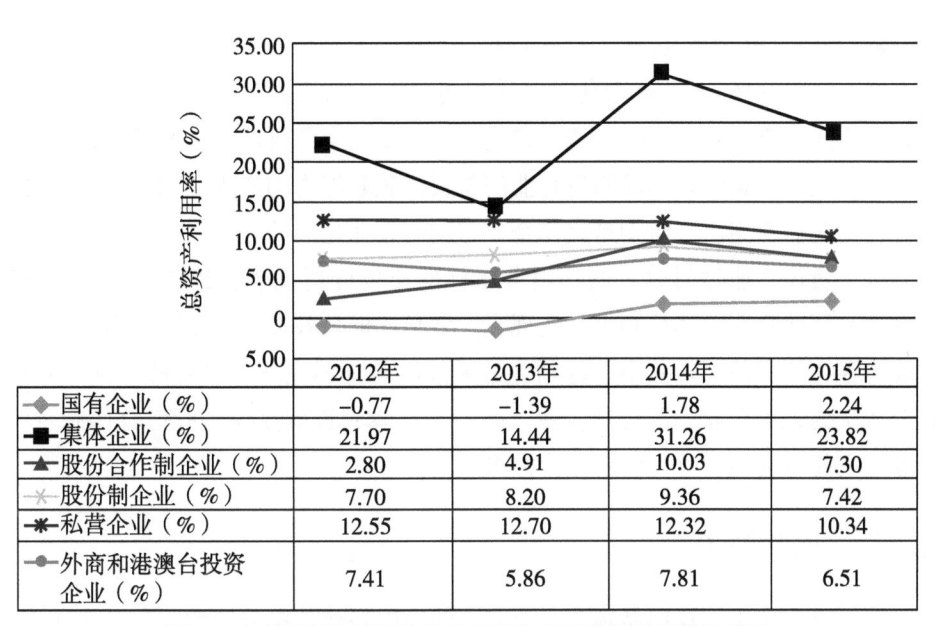

	2012年	2013年	2014年	2015年
◆ 国有企业（%）	-0.77	-1.39	1.78	2.24
■ 集体企业（%）	21.97	14.44	31.26	23.82
▲ 股份合作制企业（%）	2.80	4.91	10.03	7.30
✱ 股份制企业（%）	7.70	8.20	9.36	7.42
✶ 私营企业（%）	12.55	12.70	12.32	10.34
● 外商和港澳台投资企业（%）	7.41	5.86	7.81	6.51

图 3-3　我国体育用品制造企业总资产利润率发展趋势对比

从图 3-4 可知，2012—2015 年我国六大类体育用品制造企业的总资产利润率均值大小顺序依次为集体企业（22.87%）、私营企业（11.98%）、股份制企

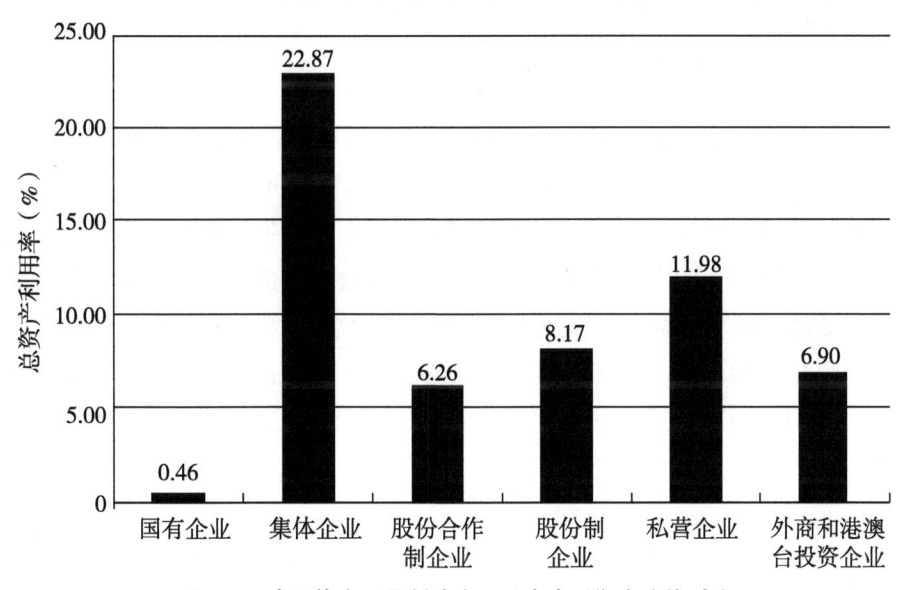

图 3-4　我国体育用品制造企业总资产利润率均值对比

业（8.17%）、外商和港澳台投资企业（6.90%）、股份合作制企业（6.26%）、国有企业（0.46%）。总资产利润率是利润与资产总额的对比关系，它从整体上反映了企业资产的利用效果，能够说明企业运用其全部资产获取利润的能力。由此表明，我国各类体育用品制造企业的总资产获利能力均实现正向增长，但是两极分化问题非常突出，特别是集体企业与国有企业之间的差距过大。

综上所述，通过对以上两项财务指标的比较分析发现：2012—2015年我国体育用品制造企业整体盈利水平实现正向增长，但是各类体育用品制造企业的盈利能力存在明显差距。其中，盈利能力最强的是集体企业，最弱的是国有企业，其余依次为私营企业、股份制企业、外商和港澳台投资企业、股份合作制企业，企业盈利能力的两极分化问题尤为突出。

二、成长能力

成长能力是指体育用品制造企业未来的发展趋势与提升速度，包括企业规模扩张、利润和所有者权益增加，反映了体育用品制造企业未来的发展前景。成长能力是伴随市场经济环境的变化，企业的盈利水平、资产规模、市场占有率及其主营业务收入等持续增长的能力。评价企业成长能力的财务指标较多，本章主要选取总资产增长率和主营业务收入增长率进行对比分析[①]。

（一）总资产增长率

由图3-5可知，2012—2015年国有体育用品制造企业总资产增长率的波动幅度最为显著，2012年、2013年和2015年均为负值，2014年则陡增至205.30%。集体企业的总资产增长率呈现阶梯形上升趋势，股份合作制企业的总资产增长率表现出"U"形演变发展轨迹，并且这两类企业总资产增长率的波动幅度也较大。例如，股份合作制企业2014年的总资产增长率为-62.70%，到2015年则升至39.62%。外商和港澳台投资企业、私营企业、股份制企业的总资产增长率都保持着相对较为稳定的发展态势，演变轨迹也大致趋同，各年份均实现正向增长。

---

①王贺宾. 2015年上半年钢铁相关板块财务指标对比分析 [J]. 冶金管理，2015（11）：16-22.

第三章 我国体育用品制造业主要财务指标分析

	2012年	2013年	2014年	2015年
国有企业（%）	-0.61	-39.90	205.30	-46.63
集体企业（%）	-2.39	71.49	29.18	131.41
股份合作制企业（%）	35.23	-33.83	-62.70	39.62
股份制企业（%）	0.48	8.86	21.93	13.03
私营企业（%）	13.36	9.59	28.92	17.95
外商和港澳台投资企业（%）	8.49	13.39	11.19	6.37

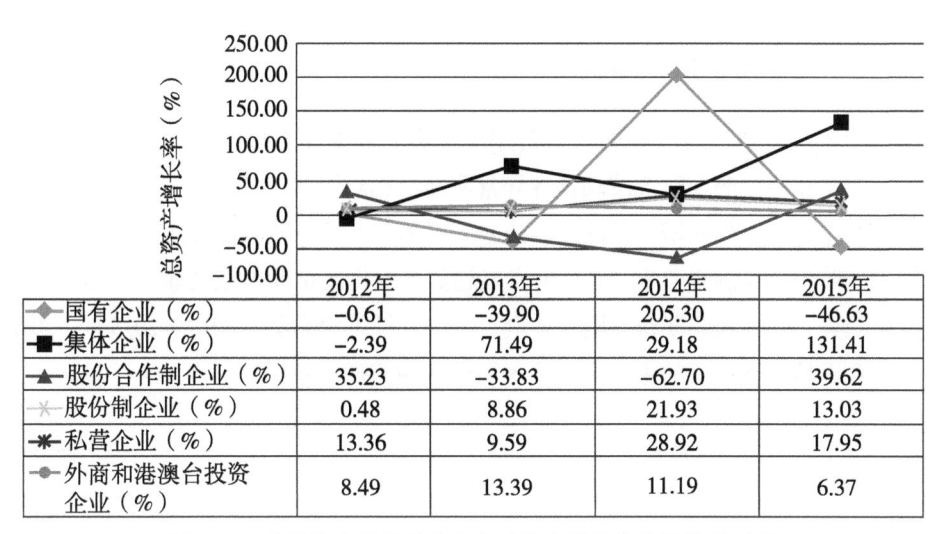

图 3-5　我国体育用品制造企业总资产增长率发展趋势对比

由图 3-6 可知，2012—2015 年我国各类体育用品制造企业的总资产增长率均值大小顺序依次为集体企业（57.42%）、国有企业（29.54%）、私营企业（17.45%）、股份制企业（11.08%）、外商和港澳台投资企业（9.86%）、股份合作制企业（-5.42%）。资产增长是体育用品制造企业发展的一个重要方面，发展性高的企业一般能保持资产的稳定增长。总资产增长率越高，说明体育用品制造企业一定时期内资产经营规模扩张的速度越快。由此表明，除股份合作制企业外，其余五大类体育用品制造企业的总资产经营规模扩张速度均实现正向提升，但是两极分化问题特别严重。

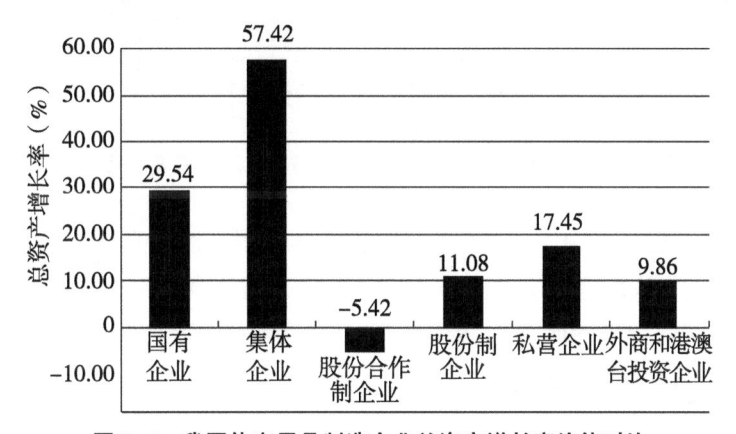

图 3-6　我国体育用品制造企业总资产增长率均值对比

(二) 主营业务收入增长率

由图 3-7 可知，2014 年国有体育用品制造企业的主营业务收入增长率出现最大值，但是其历史演变轨迹波动幅度异常明显。相对而言，其余五大类体育用品制造企业的主营业务收入增长率演变轨迹较为平稳。其中，集体企业表现出稳定的上升趋势，股份合作制企业呈"U"形发展趋势，股份制企业与私营企业表现出波浪形发展趋势，外商和港澳台投资企业则呈现波动性下滑态势。2012—2015 年，我国各类体育用品制造企业的主营业务收入增长率均实现正向提升。

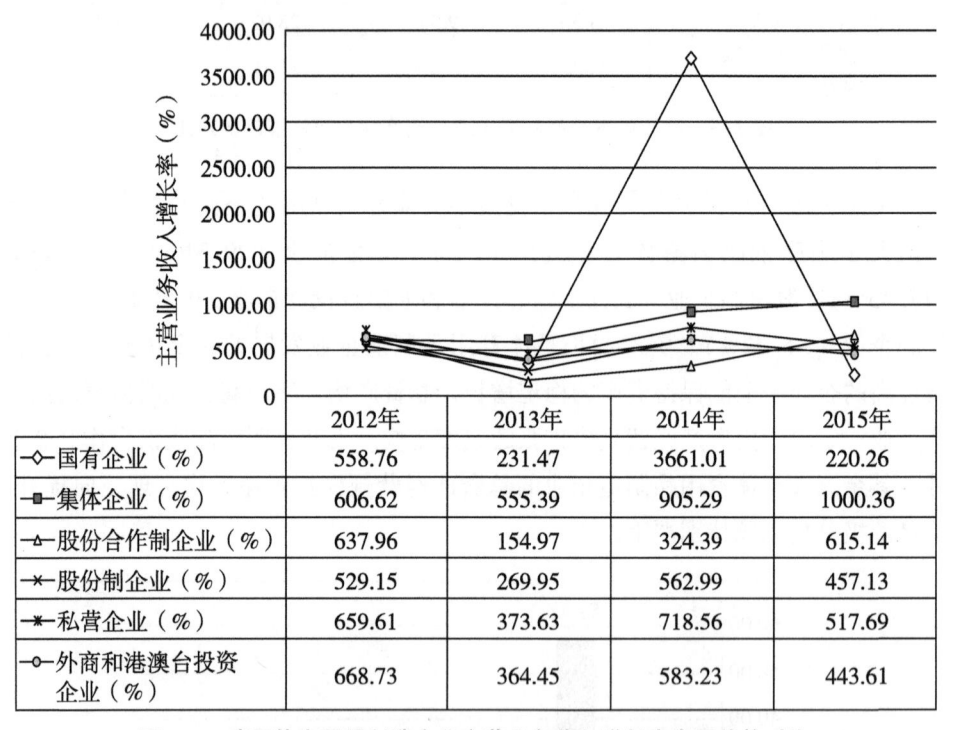

	2012年	2013年	2014年	2015年
国有企业（%）	558.76	231.47	3661.01	220.26
集体企业（%）	606.62	555.39	905.29	1000.36
股份合作制企业（%）	637.96	154.97	324.39	615.14
股份制企业（%）	529.15	269.95	562.99	457.13
私营企业（%）	659.61	373.63	718.56	517.69
外商和港澳台投资企业（%）	668.73	364.45	583.23	443.61

图 3-7 我国体育用品制造企业主营业务收入增长率发展趋势对比

由图 3-8 可知，2012—2015 年我国各类体育用品制造企业主营业务收入增长率的均值大小依次为国有企业（1167.88%）、集体企业（766.92%）、私营企业（567.37%）、外商和港澳台投资企业（515.00%）、股份制企业（454.81%）、股份合作制企业（433.12%）。

第三章 我国体育用品制造业主要财务指标分析

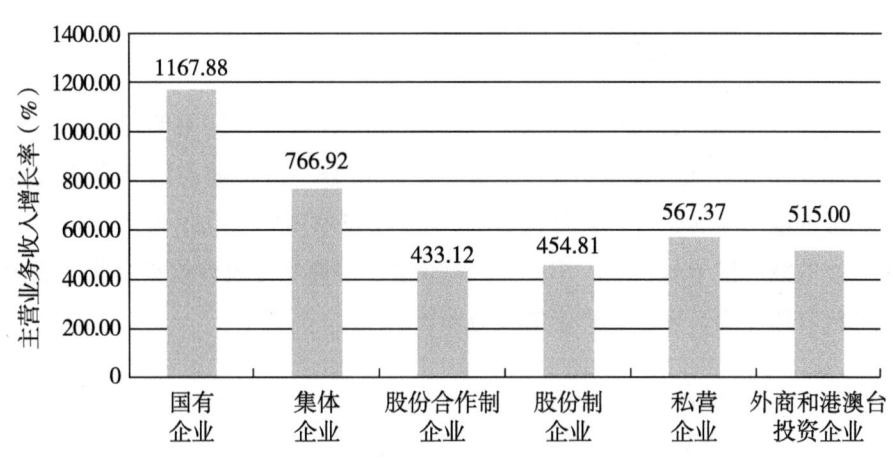

图 3-8 我国体育用品制造企业主营业务收入增长率均值对比

（柱状图数据：国有企业 1167.88；集体企业 766.92；股份合作制企业 433.12；股份制企业 454.81；私营企业 567.37；外商和港澳台投资企业 515.00）

主营业务收入增长率可用于衡量公司产品的生命周期，判断公司发展所处阶段。一般而言，若主营业务收入增长率超过10%，说明公司产品处于成长期，将继续保持较好的增长势头，尚未面临产品更新的风险，属于成长型企业。由此表明，我国各类体育用品制造企业的产品均处于成长期，保持着良好的增长势头。其中，国有企业居首位，集体企业位居第二，其余四大类企业的增长状况基本相当。

综上所述，通过对以上两项财务指标的比较分析发现：2012—2015年，我国体育用品制造企业成长能力较强的有国有企业和集体企业，位于第二的是私营企业、股份制企业、外商和港澳台投资企业，成长能力最弱的是股份合作制企业。总体而言，国内体育用品制造企业的成长状况良好，增长速度较快，但是两极分化问题仍比较严重。

三、运营能力

运营能力是指体育用品制造企业基于外部市场环境约束，通过内部生产资源的优化配置，从而对实现预期财务目标所产生积极作用的能力。运营能力反映了体育用品制造企业对资源管理与运用的效率，揭示了企业资金周转的运营状况。例如，资产周转越快，流动性越强，企业获利速度就越快。测评企业运营能力的财务指标较多，本章主要选取应收账款周转率和总资产周转率进行对比分析[1]。

---

[1] 王贺宾. 2015年上半年钢铁相关板块财务指标对比分析［J］. 冶金管理，2015（11）：16-22.

（一）应收账款周转率

由图 3-9 可知，2012—2015 年，集体企业应收账款周转率明显高出其余五大类企业，2014 年出现峰值（4512.82%）。股份合作制企业与国有企业表现出非常相似的动态演变轨迹，并且在 2014 年应收账款周转率均出现最大值。这三大类企业的波动性十分剧烈。相反，私营企业、外商和港澳台投资企业、股份制企业的应收账款周转率演变轨迹则较为平稳。

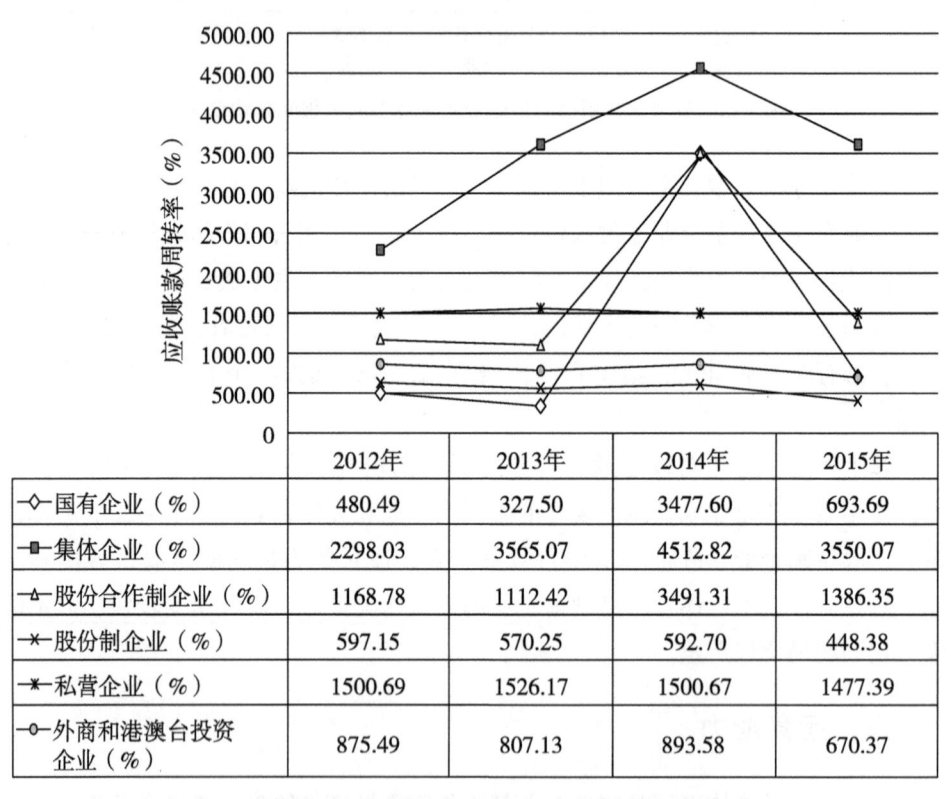

	2012年	2013年	2014年	2015年
国有企业（%）	480.49	327.50	3477.60	693.69
集体企业（%）	2298.03	3565.07	4512.82	3550.07
股份合作制企业（%）	1168.78	1112.42	3491.31	1386.35
股份制企业（%）	597.15	570.25	592.70	448.38
私营企业（%）	1500.69	1526.17	1500.67	1477.39
外商和港澳台投资企业（%）	875.49	807.13	893.58	670.37

图 3-9　我国体育用品制造企业应收账款周转率发展趋势对比

由图 3-10 可知，2012—2015 年，我国各类体育用品制造企业应收账款周转率的均值大小顺序依次为：集体企业（3481.50%）、股份合作制企业（1789.72%）、私营企业（1501.23%）、国有企业（1244.82%）、外商和港澳台投资企业（811.64%）、股份制企业（552.12%）。

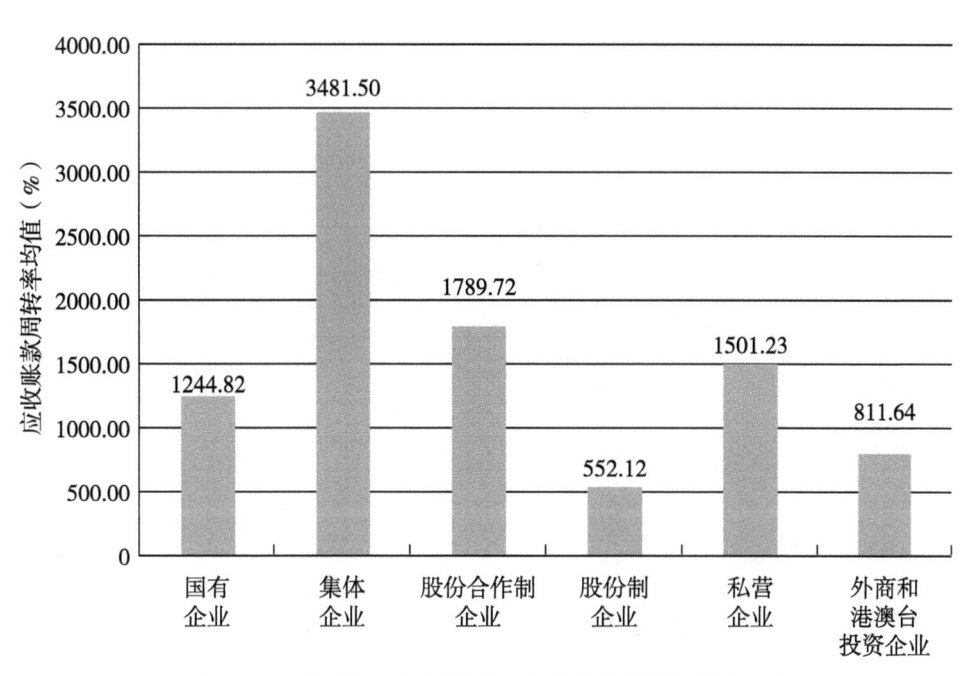

图 3-10 我国体育用品制造企业应收账款周转率均值对比

应收账款周转率就是反映体育用品制造企业应收账款周转速度的比率，通常来讲，应收账款周转率越高越好，说明企业收账速度快，平均收账期限短，坏账损失少，资产流动快。与之相对应的是，应收账款周转天数越短越好。由此表明，我国集体企业的收账速度最快，股份制企业最慢，其余依次为股份合作制企业、私营企业、国有企业、外商和港澳台投资企业。集体企业、股份合作制企业与国有企业的收账速度欠缺稳定性，并且两极分化问题较为突出。

（二）总资产周转率

由图 3-11 可知，2012—2015 年，我国体育用品制造企业总资产周转率波动幅度较明显的有股份合作制企业、集体企业和国有企业。其中，股份合作制企业与集体企业的总资产周转率均于 2014 年达到最高点，分别为 395.73% 和 317.17%。总资产周转率演变轨迹较平稳的有私营企业、外商和港澳台投资企业、股份制企业。这一项财务指标的动态发展轨迹与应收账款周转率的演变特征比较相似。

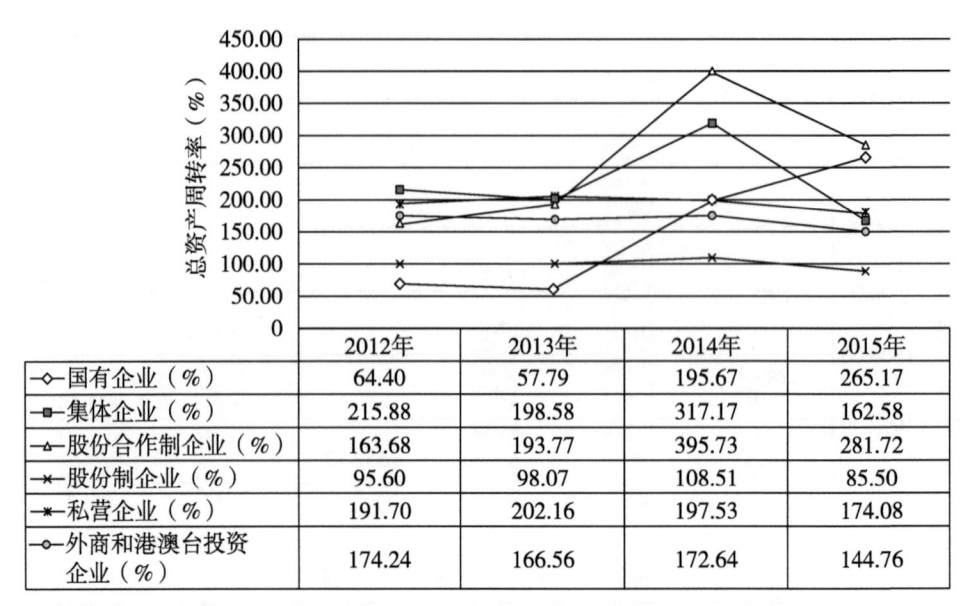

	2012年	2013年	2014年	2015年
国有企业（%）	64.40	57.79	195.67	265.17
集体企业（%）	215.88	198.58	317.17	162.58
股份合作制企业（%）	163.68	193.77	395.73	281.72
股份制企业（%）	95.60	98.07	108.51	85.50
私营企业（%）	191.70	202.16	197.53	174.08
外商和港澳台投资企业（%）	174.24	166.56	172.64	144.76

图 3-11 我国体育用品制造企业总资产周转率发展趋势对比

由图 3-12 可知，2012—2015 年，我国各类体育用品制造企业的总资产周转率均值大小顺序依次为：股份合作制企业（258.72%）、集体企业（223.55%）、私营企业（191.37%）、外商和港澳台投资企业（164.55%）、国有企业（145.76%）、股份制企业（96.92%）。

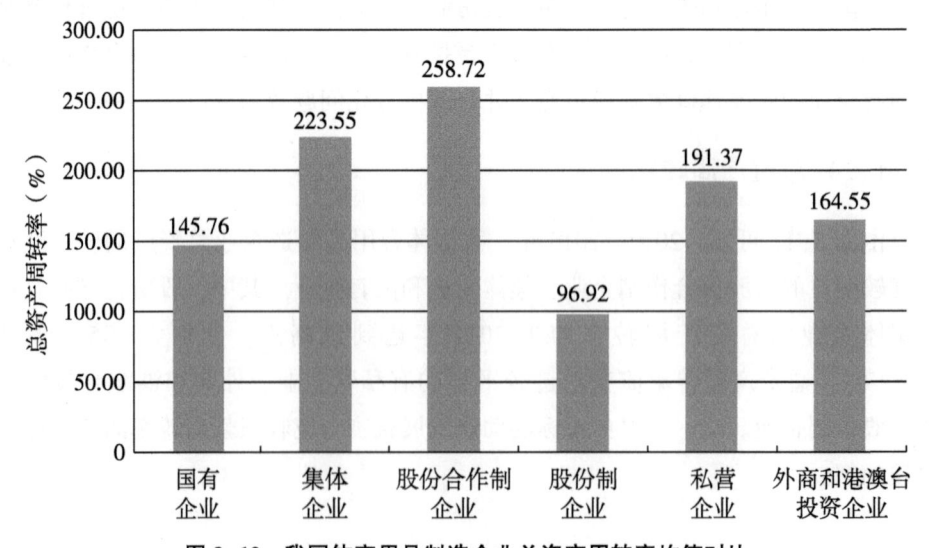

图 3-12 我国体育用品制造企业总资产周转率均值对比

总资产周转率是综合评价体育用品制造企业全部资产的经营质量和利用效率的重要指标，能够综合反映企业整体资产的运营能力。一般来讲，该指标数值越大，说明企业总资产周转越快，反映出产品销售能力越强，营运能力亦越强。由此表明，我国六大类体育用品制造企业整体资产的经营质量与利用效率较高，产品销售能力较强，同时私营企业、外商和港澳台投资企业、股份制企业整体资产运营效率的稳定性相对较高。

综上所述，通过对以上两项财务指标的比较分析发现：2012—2015 年，我国体育用品制造企业运营能力排名前 3 的为集体企业、股份合作制企业与私营企业，国有企业、外商和港澳台投资企业、股份制企业依次位列后 3 位。其中，股份合作制企业、集体企业和国有企业运营能力的稳定性比较差，各类体育用品制造企业运营能力的两极分化问题也比较突出。

四、偿债能力

偿债能力是指企业用其资产偿还长期债务和短期债务的能力，是反映企业财务健康及经营状况的重要标志。通过对偿债能力的分析，能考察体育用品制造企业持续经营的风险程度，有助于体育用品制造企业对未来预期收益进行评估。衡量企业偿债能力的财务指标较多，本章主要选取流动比率与资产负债率进行对比分析[1]。

(一) 流动比率

由图 3-13 可知，2012—2015 年，我国体育用品制造企业流动比率呈波动性上涨趋势的有股份合作制企业和集体企业，并且两者的演变轨迹较为相似。国有企业的流动比率则保持着相对平稳的上升态势，2015 年攀至最高点（302.96%）。外商和港澳台投资企业、私营企业、股份制企业的流动比率表现出非常稳定的发展趋势。

---

[1] 王贺宾. 2015 年上半年钢铁相关板块财务指标对比分析 [J]. 冶金管理，2015（11）：16-22.

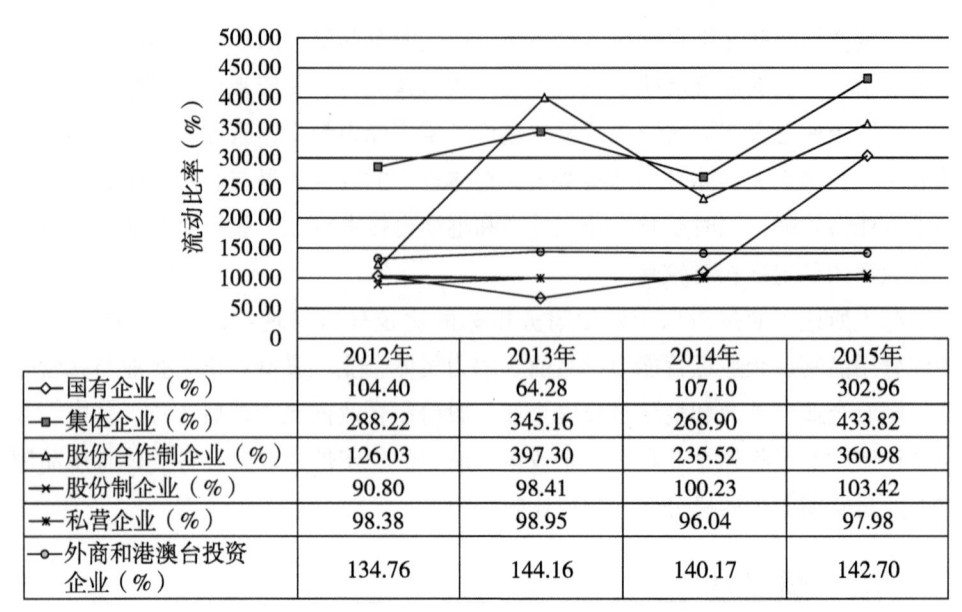

	2012年	2013年	2014年	2015年
国有企业（%）	104.40	64.28	107.10	302.96
集体企业（%）	288.22	345.16	268.90	433.82
股份合作制企业（%）	126.03	397.30	235.52	360.98
股份制企业（%）	90.80	98.41	100.23	103.42
私营企业（%）	98.38	98.95	96.04	97.98
外商和港澳台投资企业（%）	134.76	144.16	140.17	142.70

图 3-13 我国体育用品制造企业流动比率发展趋势对比

由图 3-14 可知，2012—2015 年，我国各大类体育用品制造企业流动比率均值的大小顺序依次为：集体企业（334.03%）、股份合作制企业（279.96%）、国有企业（144.69%）、外商和港澳台投资企业（140.44%）、股份制企业（98.22%）、私营企业（97.83%）。

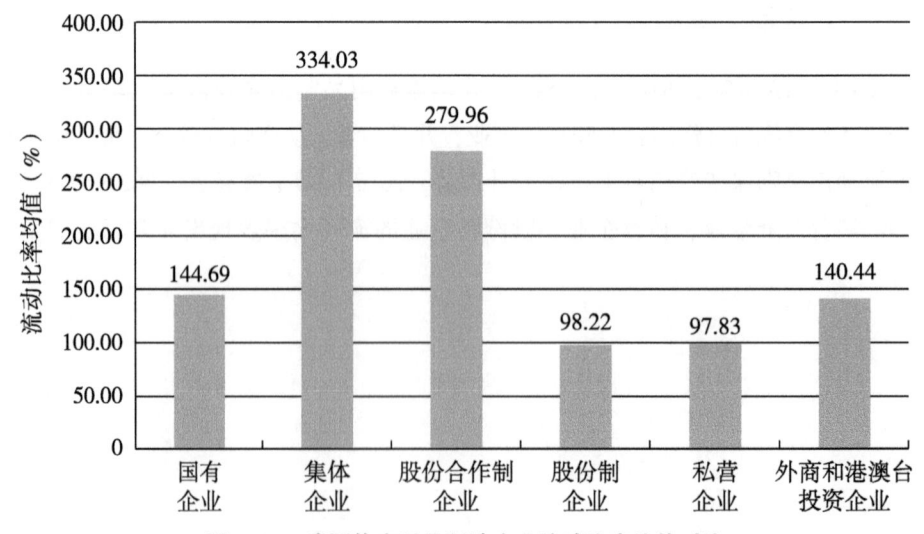

图 3-14 我国体育用品制造企业流动比率均值对比

一般而言，流动比率越高，说明企业资产的变现能力越强，短期偿债能力亦越强，反之则越弱。通常认为该比率值应在 2∶1 及以上，表示流动资产是流动负债的 2 倍，即使有 1/2 的流动资产在短期内无法变现，也能够保证全部流动负债得到偿还。由此表明，我国集体企业和股份合作制企业的偿债能力较强，但是其稳定性较弱。其余四大类企业的偿债能力均需进一步提升，尤其是私营企业与股份制企业。

（二）资产负债率

由图 3-15 可知，2012—2015 年，国有企业的资产负债率呈现波动性下降趋势，上下波幅程度明显，2013 年资产负债率高达 82.04%，2014 年则降至 24.16%。股份合作制企业和集体企业的资产负债率都表现出比较平稳的下滑态势，并且两者的演变轨迹较为相似，但股份合作制企业的降低幅度更大。私营企业、股份制企业、外商和港澳台投资企业资产负债率的发展轨迹比较平稳，上下波幅均较小。

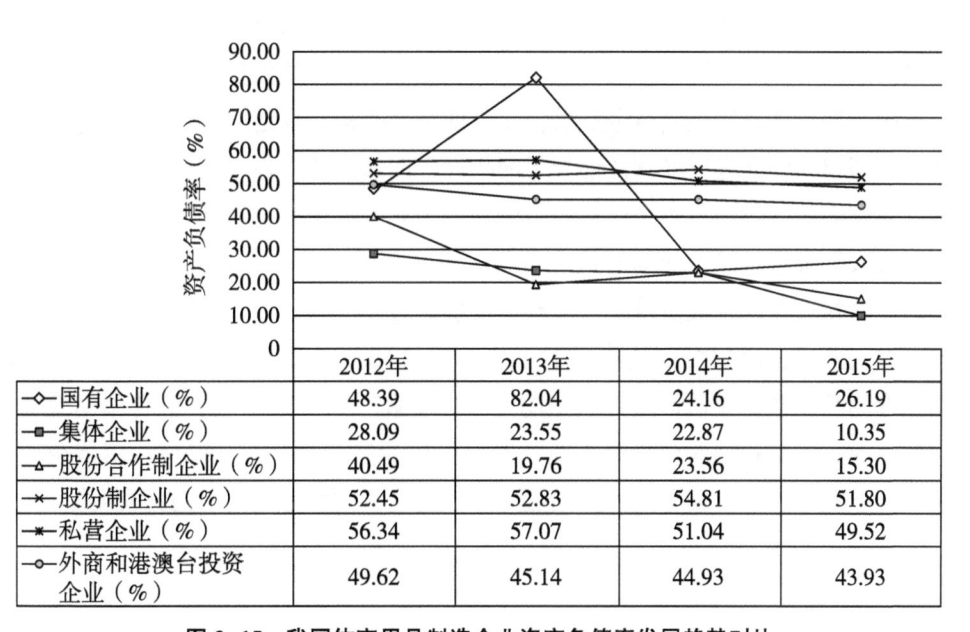

	2012年	2013年	2014年	2015年
国有企业（%）	48.39	82.04	24.16	26.19
集体企业（%）	28.09	23.55	22.87	10.35
股份合作制企业（%）	40.49	19.76	23.56	15.30
股份制企业（%）	52.45	52.83	54.81	51.80
私营企业（%）	56.34	57.07	51.04	49.52
外商和港澳台投资企业（%）	49.62	45.14	44.93	43.93

图 3-15 我国体育用品制造企业资产负债率发展趋势对比

由图 3-16 可知，2012—2015 年，我国六大类体育用品制造企业资产负债率的均值大小顺序依次为：私营企业（53.49%）、股份制企业（52.97%）、外商和港澳台投资企业（45.90%）、国有企业（45.20%）、股份合作制企业（24.78%）、集体企业（21.22%）。

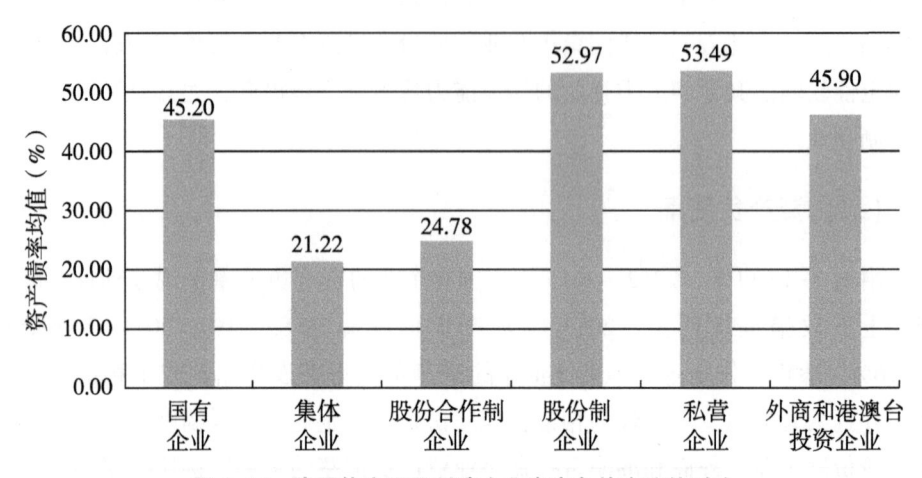

图3-16 我国体育用品制造企业资产负债率均值对比

资产负债率是负债总额与资产总额的比例关系，可以反映在总资产中有多大比例是通过借债来筹资的，也可以衡量企业在清算时保护债权人利益的程度。这一指标是评价体育用品制造企业负债水平的综合指标，也是度量体育用品制造企业利用债权人资金进行经营活动能力的指标，能够反映债权人发放贷款的安全程度。由此表明，我国集体企业和股份合作制企业的负债水平较低，这两类企业运用债权人资金进行经营活动的能力较强。但其余四大类企业的负债水平均较高，反映出债权人对其发放贷款的安全程度较低。

综上所述，通过对以上两项财务指标的比较分析发现：2012—2015年，我国体育用品制造企业偿债能力最强的是集体企业，其余依次为股份合作制企业、国有企业、外商和港澳台投资企业、股份制企业、私营企业。然而，集体企业、国有企业及股份合作制企业的偿债能力并不稳定，两极分化问题仍比较突出。

第三节 小 结

①2012—2015年，随着国家相继出台一些重要利好文件与政策，我国体育产业迎来绝佳发展机遇，为我国各类体育用品制造企业的发展壮大创造了优越环境和条件，但是也存在主观要素与客观环境的制约。因此，各类企业应注重利用

不同资源的优势,克服自身不足,从而获得可持续性发展。

②本章围绕企业盈利能力、成长能力、运营能力和偿债能力4个方面,比较分析了我国不同类型的体育用品制造企业的主要财务指标,虽然集体企业的各方面能力均比较突出,存在一些值得借鉴和参考的经验,但是就我国体育用品制造业的整体发展而言,各种类型的企业要扬长避短,彼此相互交流与学习,积极采取更为有效的措施,逐步缓解两极分化问题,提升我国体育用品制造业的整体实力。

第四章
我国体育用品制造业转型升级的综合能力

根据《中国体育产业发展报告（2014）》和中国体育用品联合会统计显示，2014年，中国体育产业总产值约为3500亿元，超过50%依赖体育用品制造业，到2015年，体育产业增加值超过4700亿元，而体育用品制造业占比则超过70%[1]，表明体育用品制造业作为我国体育产业的支柱行业，仍是推动体育产业发展壮大的重要动力。2010年，国内体育用品制造业进入了5年的低速增长期；2011年，其行业增加值更是出现断崖式下跌，随后体育用品制造业进入一个低增长阶段。

以在香港上市的6家体育用品企业为例，选取2015年6月10日的股价指数作为基准，与2010年高点时的股价指数相比，李宁、动向、361°、匹克及特步5家体育用品上市公司的股票价格分别下跌87%、62%、55%、43%和50%，体育用品企业陷入不断亏损的窘境。然而，安踏则通过大幅提高研发经费，成立中国运动品牌第一家运动科学实验室，年均研发经费占销售额的4.30%，总投入超3亿元，截至2015年获得国家专利40余项，其自主创新产品销售额占比从15%快速升至35%，产品销量迅速回升，市场地位进一步稳固[2]。由此，在一定程度上说明研发创新在提升我国体育用品制造企业经营绩效方面起着非常重要的作用，中国体育用品制造业的转型升级也逐步引起社会各界的高度关注。

2014年11月，习近平总书记在亚太经济合作组织工商领导人峰会开幕式主题演讲中阐述了新常态下中国经济发展的基本特征，即从高速增长转为中高速增

---

[1] 中工网. 体育用品制造大国的尴尬 [EB/OL]. (2015-08-26) [2019-09-19]. http://news.163.com/15/0826/01/B1TJS28F00014AEE.html.

[2] 左之炜. 一文看懂体育用品行业的转型之路 [EB/OL]. (2016-11-07) [2019-09-19]. http://www.sohu.com/a/118289648_385139.

长、产业结构不断优化升级、从要素和投资驱动向创新驱动转变。2016年,国家体育总局发布的《体育产业发展"十三五"规划》指出:"结合传统制造业去产能,引导体育用品制造业转型升级,优化体育用品制造业结构,实施体育用品制造业创新提升工程,鼓励新型体育器材装备、虚拟现实运动装备及其可穿戴运动设备等的研发创新"。

鉴于上述背景,随着全球经济步入"新常态",面对国家体育用品制造业转型升级的大趋势,如何把握现有的政策优势,优化体育用品制造业的结构布局,提升市场竞争力,已经成为全国各省(市)调整、升级体育产业结构的重要任务。为更好地开展我国体育用品制造业转型升级的影响因素研究,有必要对中国体育用品制造业转型升级的综合能力进行有效评估,并探讨其转型升级的路径选择。本章在相关文献梳理及其理论分析的基础上,构建了我国体育用品制造业转型升级综合能力的评价指标体系,运用因子分析方法对我国31个省、自治区、直辖市体育用品制造业转型升级的综合能力进行测评、排序和比较分析。

第一节 相关研究动态及评述

一、我国体育用品制造业转型升级的影响因素研究

在我国体育用品制造业转型升级的影响因素研究方面,谈艳等以前期相关理论研究为基础,采用2008—2015年全国31个省、自治区、直辖市的面板数据作为样本,选取研发创新水平、生产性服务业发展、外商投资规模及对外贸易作为解释变量,以体育用品制造业转型升级为被解释变量,探讨了我国体育用品制造业转型升级的影响因素,并根据实证分析结果,提出我国体育用品制造业要加快提升研发创新能力,摆脱过度依赖外商投资和对外贸易的现状[1]。肖骞和闫彦运用文献资料、逻辑推理等研究方法,分析了企业转型升级的内涵和特征,结合我国民营中小型体育用品企业的发展现实,以"钻石模型"为理论基础,建构假设模型,并对模型进行了探讨[2]。马德浩和季浏分析认为,伴随我国劳动年龄人

---

[1] 谈艳,张莹,陈颇. 中国体育用品制造业转型升级的影响因素研究——基于省(市)级面板数据的实证[J]. 沈阳体育学院学报,2017,36(1):38-42.
[2] 肖骞,闫彦. 民营中小体育用品企业转型影响因素模型探讨——以波特"钻石模型"为依据[J]. 中州体育:少林与太极,2015(11):21-25.

口比重的下降及其劳动力成本的上升,传统的以廉价劳动力优势获取利润的体育用品业发展方式将难以为继,转变体育用品业的发展方式,促使其从粗放型发展向集约型发展就成为我国体育用品业破解"大而不强"困境的重要举措,具体措施如积极引进先进技术,增强产业的集群效应,提高人力资本利用效率,加强行业管理,规范产品生产标准,提高研发创新能力等[1]。

二、我国体育用品制造业转型升级的发展路径研究

在我国体育用品制造业转型升级的发展路径研究方面,高涛和荣思军利用文献资料、逻辑分析等研究方法,从全球产业价值链视角审视我国体育用品制造业的发展现状及其问题,指出传统的升级模式已经不能适应现阶段体育用品制造业转型升级的实际需要。现阶段实现我国体育用品制造业的转型升级要立足国内市场,依靠自主技术创新产生的分工深化和广化效应,构建我国不同层次的产业价值链与价值网络[2]。谢军等研究了我国体育用品企业升级的发展路径,从 GVC(Global Value Chain,全球价值链)与 NVC(National Value Chain,国内价值链)视角探讨了体育用品企业进行功能升级,提出构建国内价值链的前提条件,以安踏公司升级的案例构建国内价值链的方式和途径,提出我国体育用品企业要依靠本土市场形成与 GVC 相平行的国内企业网络体系,企业要转变出口导向型发展战略,培养高级生产要素实现产业转型升级等[3];向绍信基于国内价值链、区域价值链、全球价值链理论,构建了我国体育用品产业升级的路径模型,利用我国具备的独特优势,构建体育用品产业的国内价值链体系,借此培育出本土体育用品企业的技术和市场实力。通过国内市场的锻炼,我国体育用品企业逐步融入区域价值链,在市场条件与发展阶段相类似的市场中参与区域性国际竞争,进一步提高我国体育用品企业的综合竞争力[4]。

---

[1] 马德浩,季浏. 转型与突围:我国劳动年龄人口比重下降对体育用品业发展的影响 [J]. 成都体育学院学报, 2014, 40(9):1-6.
[2] 高涛,荣思军. 全球产业价值链视角下我国体育用品制造业升级途径研究 [J]. 福建体育科技, 2016, 35(6):1-3.
[3] 谢军,张博,白震. 从 GVC 到 NVC:我国体育用品产业升级路径的研究 [J]. 体育学刊, 2015, 22(1):28-32.
[4] 向绍信. 我国体育用品产业升级路径研究 [J]. 天津体育学院学报, 2014, 29(5):415-420.

三、我国体育用品制造业转型升级的困境（风险）研究

在我国体育用品制造业转型升级的困境（风险）研究方面，许彩明和于晓明在对我国体育用品 OEM（Original Equipment Manufacturer，原始设备制造商）企业战略升级风险的内涵、形成机理分析的基础上，对我国体育用品 OEM 企业战略升级的风险进行了分析，研究得出：我国体育用品 OEM 企业战略升级风险包括外生性风险与内生性风险，我国体育用品 OEM 企业在战略升级过程中应实施风险管理战略，实行战略分层升级的措施[1]。吴宝升和郑霞以温州为个案，分析了我国内生型体育用品制造业产业集群发展所面临的困境及问题，认为当前我国内生型体育用品制造业产业集群依赖低成本要素的竞争优势已不复存在，缺乏自主创新的动机和能力，欠缺品牌战略意识，政府职能缺位等问题，提出了相应的对策和建议[2]。喻坚针对全球价值链视角下我国体育用品产业集群升级面临的困境，提出了以科学发展观为指导，加大政府支持力度，完善投融资机制，加强研发创新能力，制定体育用品产业集群发展规划，完善我国体育用品质量标准体系，逐步实现标准化生成与管理，强化相关产业链的融合等[3]。

四、国外体育用品制造业的转型升级研究

在国外体育用品制造业的转型升级研究方面，庄铁鹰从营销内容、营销方法及营销流程 3 个层面出发，探讨了迪卡侬的体验营销模式，为我国本土体育用品企业的发展提供了启示。中国体育用品制造业应该加强供应链管理，采取多品牌发展战略，加大体验式营销等[4]。吴新宇等运用文献资料、计量模型、案例分析等研究方法，针对地方模式的亚洲体育用品产业转型发展进行了探讨。研究得出：亚洲已发展成为区域性运转中心，包揽了全球体育行业 1/2 以上的制造业务，主要推动的力量来源于政府、体育行业公司管理决策和国家规章制度的建

---

[1] 许彩明，于晓明. 我国体育用品 OEM 企业战略升级风险及规避研究 [J]. 西安体育学院学报，2015，32 (5)：576-580.
[2] 吴宝升，郑霞. 内生型体育用品制造业产业集群现存困境、问题及升级对策研究——以温州为例 [J]. 运动，2014，101 (11)：140-142.
[3] 喻坚. 价值链下中国体育用品产业集群升级的困境与出路 [J]. 中国商论，2012，(31)：232-233.
[4] 庄铁鹰. 迪卡侬体育用品集团体验营销分析及对中国体育企业的启示 [J]. 中小企业管理与科技（中旬刊），2017 (3)：162-165.

立。各国家在引导本国纺织品与服装行业基础、资金和资源方面处于主导地位，并支持体育产业领域的扩张，其主要方式是产业升级和价值链迁移[①]。戴建辉从国外研究成果述评的视角展开讨论，考察了文化模式在日本体育用品业全球化转型中的作用，进一步分析了全球化时代日本体育用品业转型发展的要素创新问题，主要体现在适应后工业环境的变化、营销与品牌的重视、日本传统价值观的影响、生产和分销的全球化、按资排辈体系的转变、企业社会责任的实践等方面。日本体育用品业在全球化转型过程中，管理要素的创新集中反映了日本的国家文化与社会价值观，积极传播了"爱世克斯主义"和"美津浓主义"的文化精神，为我国体育用品业的发展提供了思路[②]。

通过梳理国内相关研究成果发现，目前学术界已经从不同视角对我国体育用品制造业转型升级的有关问题展开了广泛探讨，具体涵盖了我国体育用品制造业转型升级的影响因素、路径依赖、发展困境、市场风险、战略选择、培育模式等方面。这些理论研究为中国体育用品制造业逐步实现转型升级提供了有益参考，得出一些值得借鉴的结论与建议。然而，客观评价仍然存在一些不足：首先，在研究方法上，绝大部分研究成果采用宏观描述性分析方法，以文献资料、对比阐述和逻辑推理为主，欠缺定量化的实证研究成果。其次，在研究内容上，缺乏针对我国体育用品制造业转型升级的综合能力、绩效水平、现实状况等方面进行测度和评价的研究成果。

第二节 我国体育用品制造业转型升级综合能力评价指标体系

一、构建评价指标体系的基本原则

为了便于选取我国体育用品制造业转型升级综合能力的测评指标，构建相应的评价指标体系则是第一要务，其也是后续展开定量测评的重要基础。根据我国社会经济发展的整体大环境，结合我国体育用品制造业发展的现实特征，在构建我国体育用品制造业转型升级综合能力评价指标体系时应遵循的基本原则如下。

[①] 吴新宇，韩富清，邱新宇. 基于地方模式的亚洲体育用品产业转型研究——兼评《中国地方体育产业政策比较研究》一文 [J]. 四川体育科学，2015（4）：1-5.
[②] 戴建辉. 全球化时代日本体育用品业的转型发展 [J]. 首都体育学院学报，2014，26（2）：109-114.

（一）全面性原则

既然是探究我国体育用品制造业转型升级的综合能力问题，首先要考虑的就是构建评价指标体系的全面性原则。这需要充分考虑我国体育用品制造业实现转型升级的主观要素与客观要素，如我国体育用品制造业自身发展实力、区域经济发展状况、人力资源供给能力、基础设施服务水平、民生改善能力、经济国际化进程和技术创新能力等方面。

（二）系统性原则

我国体育用品制造业转型升级也是内部因素与外部因素共同作用的结果，具有较强的系统性。因此，在构建我国体育用品制造业转型升级综合能力评价指标体系的时候，还应该重点考虑系统性原则，诸如各因素之间的互补效应和多重共线性问题、各项测评指标之间的关联性及其彼此之间的互动关系等。

（三）有效性原则

反映我国体育用品制造业转型升级综合能力的数据指标众多，选择对应的统计指标构建转型升级综合能力评价指标体系存在较大难度，因此，选择测评指标时一定要遵循有效性原则。所选数据指标必须准确、客观，各项指标之间不能重复，也不能彼此矛盾，但是又能够构成一个完整的结构体系。尽量避免采用主观偏好太重的相关指标，否则就难以保证评价结果的准确性和有效性。

（四）可比性原则

为了体现我国各省、自治区、直辖市体育用品制造业实现转型升级所需资源要素之间的差异性，可比性原则也是构建我国体育用品制造业转型升级综合能力评价指标体系考虑的一个重要方面。因此，在选取数据指标的时候，应尽量确保所选指标单位的一致性，采用可普遍获得的统计指标，并且这些指标能够适用于我国各省、自治区、直辖市的体育用品制造业，还要具备较高稳定性，以便后续进行标准化处理与对比分析。

（五）可操作性原则

我国体育用品制造业转型升级综合能力评价指标体系的构建还需要遵循可操

作性原则。务必保证每项测评指标的真实和客观,数据指标的来源渠道必须可靠且权威性较高,能够通过正规的数据库、专业协会或者官方网站进行查实。各项测评指标应该便于灵活运算,计算公式简单,内涵清晰且富有代表性。通过这一程序构建得出的我国体育用品制造业转型升级综合能力评价指标体系将更具有可操作性[1]。

二、体育用品制造业转型升级的主要能力要素

我国体育用品制造业的转型升级是各种内部力量和外部力量综合作用的结果。根据国内前期相关研究成果,宁靓、赵立波分析认为中国服务外包产业转型升级的综合能力主要包括区域经济竞争力、基础设施服务能力、人力资本供给能力与技术创新能力4个维度[2]。张成丽和叶常林基于投入与产出视角选取了12项统计指标(如工业总产值、产品销售率、新产品销售收入、R&D费用支出、外商资本贡献率等),以反映我国装备制造业转型升级的能力水平[3]。杜凌飞从经济发展、自主创新、结构调整、城市功能、资源集约及民生改善6个方面构建了我国经济转型升级综合能力的评价指标体系[4]。程惠芳等研究认为,我国区域经济转型升级综合能力的评价指标体系涵盖经济发展和民生改善能力、技术创新能力、产业提升能力、国际化发展能力与节能减排能力5个维度[5]。因此,综合参考前期研究基础,结合我国体育用品制造业转型升级的内涵及行业发展现状,本章重点就我国体育用品制造企业财务发展能力、区域经济发展能力、技术创新能力、基础设施服务能力和人力资本供给能力5个主要能力要素对我国体育用品制造业转型升级的作用机理进行了理论阐述。

(一)企业财务发展能力

我国体育用品制造企业的财务发展能力主要包括盈利能力、运营能力、成长能力、偿债能力与社会认可能力,是企业经营管理绩效、资产管理水平、社会关

---

[1] 张士强,崔健. 煤炭企业转型升级效果评价指标体系设计 [J]. 经济研究导刊,2016,295(14):20-23.
[2] 宁靓,赵立波. 基于模糊综合评价法的公共服务外包风险因素研究 [J]. 行政论坛,2016,23(4):36-41.
[3] 张成丽,叶常林. 芜湖市装备制造业转型升级能力研究 [J]. 洛阳师范学院学报,2014,33(6):68-71.
[4] 杜凌飞. 新常态下南京经济转型升级能力综合评价研究 [J]. 科技和产业,2016,16(8):7-10.
[5] 程惠芳,唐辉亮,陈超. 开放条件下区域经济转型升级综合能力评价研究——中国31个省市转型升级评价指标体系分析 [J]. 管理世界,2011(8):173-174.

注度最为直接的体现,能够较为全面地反映体育用品制造企业自身内部的成长、经营和发展状况。若企业财务发展能力越强,表明其盈利水平、经营效率、债务偿还、资金周转率等方面就更胜一筹。如果企业财务发展能力不佳,又如何能谈得上行业的转型升级呢?因此,从内部因素来讲,企业财务发展能力是我国体育用品制造业实现转型升级的根本保障。以企业财务发展能力为一级指标,选取利润总额、资产总计、流动资产平均余额、应交增值税及出口交货值作为二级测评指标。

(二) 区域经济发展能力

区域经济发展能力是指在一定区域范围内经济发展的内部因素与外部条件彼此作用而产生的生产综合实力,它涵盖了某一地区的经济发展总体水平、人民生活质量、文化教育状况、产业经济结构、城镇化水平和对外开放程度等诸多方面。然而,这些因素对该地区体育用品制造业转型升级均存在不同程度的影响。通常情况而言,如果区域经济发展能力越强,说明地区产业经济结构体系越完善,市场化商业环境越好,则更有助于该地区体育用品制造业实现转型升级。以区域经济发展能力为一级指标,选取人均国内生产总值、城镇居民消费水平、第三产业增加值、平均预期寿命和进出口总额作为二级测评指标。

(三) 技术创新能力

技术创新能力是指以现存思维模式提出有别于常规思路的见解为导向,运用现有知识和物质,本着理想化需要或者满足社会需求,在特定的环境中改进或者创造新技术的能力。技术创新以新技术的发明与应用来促进产品、工艺及服务水平的改善,是一个综合利用知识和创新行动的过程,它涉及新思想、新创造的生产模式、产品设计、工艺流程、销售渠道及其售后服务等多个方面。根据我国体育用品制造业转型升级的内涵,其必将是增强我国体育用品制造行业核心竞争力、提升行业经营绩效的重要实践活动。以技术创新能力为一级指标,选取规模以上工业企业 R&D 经费、规模以上工业企业新产品销售收入、公有经济企事业单位专业技术人员数、技术市场成交额和专利申请受理量作为二级测评指标。

(四) 基础设施服务能力

体育用品制造业作为我国体育产业的重要支柱,其发展对于某一地区的公共交通、通信技术、网络设施、物流发展等基础设施服务能力的依赖程度比较高。我国体育用品制造业转型升级内涵中的从劳动资源密集型向资本密集型和技术密集型转变，诸如市场开发、营销渠道、售后服务、品牌经营与管理等环节，只有充分借助网络设施、物流技术及交通工具等基础设施，才能更好地推进我国体育用品制造业与其他相关行业的对接融合发展，从而实现我国体育用品制造业产品和服务的创新，进一步提升经营业务层次。以基础设施服务能力为一级测评指标，选取城镇固定资产投资、公路里程、快递量、互联网宽带接入用户量及互联网上网人数作为二级测评指标。

（五）人力资本供给能力

方阳春在《人力资本：经济转型升级的内驱力》中，通过剖析实际案例和总结典型地区的实践经验，证明了人力资本投资、人才队伍建设是实现经济转型升级的关键要素[①]。我国体育用品制造业的转型升级需要大量接受过高等教育的人力资本作为支撑，高素质的人力资本供给能推动技术改进与创新，变革企业管理模式，提高业务经营效率，加快与国际接轨的步伐，进而促进我国体育用品制造行业的纵深化发展。以人力资本供给能力为一级指标，选取普通高校数、普通本科招生数、普通高等学校教职工总数、每十万人口高等学校平均在校生数和教育经费作为二级测评指标。

通过上述对各主要能力要素的综合分析，构建了我国体育用品制造业转型升级综合能力评价指标体系。该评价指标体系涵盖5个能力要素（一级指标），总计25项二级测度指标，具体如表4-1所示。

表4-1 体育用品制造业转型升级综合能力评价指标体系

一级指标	变量名	二级指标
企业财务发展能力	X_1	利润总额（千元）
	X_2	资产总计（千元）
	X_3	流动资产平均余额（千元）
	X_4	应交增值税（千元）
	X_5	出口交货值（千元）

---

①方阳春. 人力资本：经济转型升级的内驱力［M］. 杭州：浙江大学出版社，2013：6.

续表

一级指标	变量名	二级指标
区域经济发展能力	X_6	人均国内生产总值（元）
	X_7	城镇居民消费水平（元）
	X_8	第三产业增加值（亿元）
	X_9	平均预期寿命（岁）
	X_{10}	进出口总额（千美元）
技术创新能力	X_{11}	规模以上工业企业R&D经费（万元）
	X_{12}	规模以上工业企业新产品销售收入（万元）
	X_{13}	公有经济企事业单位专业技术人员数（人）
	X_{14}	技术市场成交额（亿元）
	X_{15}	专利申请受理量（项）
基础设施服务能力	X_{16}	城镇固定资产投资（亿元）
	X_{17}	公路里程（万千米）
	X_{18}	快递量（万件）
	X_{19}	互联网宽带接入用户（万户）
	X_{20}	互联网上网人数（万人）
人力资本供给能力	X_{21}	普通高校数（所）
	X_{22}	普通本科招生数（万人）
	X_{23}	普通高等学校教职工总数（万人）
	X_{24}	每十万人口高等学校平均在校生数（人）
	X_{25}	教育经费（万元）

第三节 研究方法、样本选取与数据来源

一、研究方法

（一）主成分分析

主成分分析（Principal Component Analysis，PCA）是将多个变量通过线性变

换，从而筛选出变量的一种多元统计分析方法，又称主分量分析。在各领域的科学研究过程中，为了全面、客观地分析问题，人们往往需要考虑从多视角来观察所研究的对象，必须搜集诸多相关测度指标的数据。如果对这些指标进行逐一分析或者讨论，无疑会造成对研究对象的片面认识，并且也不容易得出综合性的、一致性较高的研究结论。因此，指标变量数目太多会增加课题研究的复杂程度，学者自然希望指标变量相对较少，同时又能最大限度地获取（保持）有效信息。

主成分分析就是考虑到各指标变量之间的相互关联，利用降维的思想把多个指标转换为较少的几个互不相关的综合指标，且新生成的综合指标在反映研究对象（主题）的信息方面也尽可能保持了原有的水平，进而使课题研究过程趋于简单化。主成分分析作为基础的数学分析方法之一，其实际应用已非常广泛，涉足领域包括数量地理学、人口统计学、分子动力学模拟、数学建模、数理统计分析、体育人文社会学、运动训练学、运动人体科学、运动生物力学、民族传统体育等，是一种常用的多元统计分析方法。

主成分分析是从众多原始指标变量中导出少数几个主成分，使其尽可能多地保留原始指标变量的各种信息，并且彼此之间互不关联。通常数学上的处理就是将原来 p 个指标变量进行线性组合，从而得出新的综合指标。最经典的做法是用 F_1（第一个综合指标）的方差来表达，若 Var（F_1）越大，表明 F_1 所包含的信息量越多，故称 F_1 为第一主成分。如果第一主成分不足以代表原来 p 个指标变量的信息，再考虑选取 F_2，即进行第二个线性组合。为了更加有效地反映各原始指标变量的信息，F_1 中已经有的信息不需要出现于 F_2 中，采用数学语言表达为 Cov（F_1，F_2）= 0，则称 F_2 为第二主成分，以此类推，便可以构造出第三、第四、第五、……、第 p 个主成分[①]。主成分分析的计算步骤如下。

第一步，对原始指标变量数据的标准化处理，p 维随机向量 $\boldsymbol{x} = (x_1, x_2, x_3, \cdots, x_p)^T$，$n$ 个样本 $x_i = (x_{i1}, x_{i2}, x_{i3}, \cdots, x_{ip})^T$，$i = 1, 2, 3, \cdots, n$，$n > p$，构造样本矩阵，对样本矩阵进行如下标准化变换：

$$Z_{ij} = \frac{x_{ij} - \bar{x}_j}{S_j}, \quad i = 1, 2, 3, \cdots, n; \, j = 1, 2, 3, \cdots, p \quad (4.1)$$

式中，$\bar{x}_j = \dfrac{\sum_{i=1}^{n} x_{ij}}{n}$，$s_j^2 = \dfrac{\sum_{i=1}^{n} (x_{ij} - \bar{x}_j)^2}{n-1}$ 得出标准化矩阵 $\boldsymbol{Z}$。

[①] 卢纹岱. SPSS for Windows 统计分析 [M]. 3 版. 北京：电子工业出版社，2006：477-480.

第二步，根据标准化矩阵 Z，求出相关系数矩阵 $R = [r_{ij}]_p \times p = \dfrac{Z^T Z}{n-1}$ （4.2）

式中，$r_{ij} = \dfrac{\sum Z_{kj} \cdot Z_{kj}}{n-1}$，$i, j = 1, 2, 3, \cdots, p$。

第三步，求解样本相关系数矩阵 R 的特征方程 $|R - \lambda I_p| = 0$，得出 p 个特征根，确定主成分。按照 $\dfrac{\sum_{j=1}^{m} \lambda_j}{\sum_{j=1}^{p} \lambda_j} \geq 0.85$ 确定 m 值，使信息的有效利用率达到 85% 以上。

第四步，将标准化后的指标变量转化为主成分 $F_{ij} = Z_t^T b_j^0$，$j = 1, 2, 3, \cdots, m$，F_1 称为第一主成分，F_2 称为第二主成分，F_3 称为第三主成分，$\cdots$，F_p 称为第 p 主成分。

第五步，对 m 个主成分进行综合评价，即对 m 个主成分进行加权求和，得出最终评价值，权重系数为每个主成分的方差贡献率。

（二）因子分析

探讨存在相关关系的指标变量之间是否蕴藏着不能被直接观察到，但是对可观测指标变量的变化起支配作用的潜在因子的分析方法称为因子分析。因子分析是从指标变量群中提取共性因子的一种统计技术，最早由英国心理学家查尔斯·爱德华·斯皮尔曼提出，其发现学生的各科成绩之间存在一定的关联性，如果学生的某一科成绩好，往往其他各科的成绩也较好，从而推测是否存在某些潜在的共性因子，或者称某些一般智力条件影响着学生的学习成绩。因子分析就是在众多指标变量中找出隐藏的具有代表性的共性因子，将本质相似的指标变量归入同一个公共因子，以减少指标变量的数目，进而检验各变量之间的假设关系。

现设有原始指标变量 $x_1, x_2, x_3, \cdots, x_m$，它们与潜在因子之间的关系表达式如下：

$$\begin{cases} x_1 = b_{11}z_1 + b_{12}z_2 + b_{13}z_3 + \cdots + b_{1m}z_m + e_1 \\ x_2 = b_{21}z_1 + b_{22}z_2 + b_{23}z_3 + \cdots + b_{2m}z_m + e_2 \\ x_3 = b_{31}z_1 + b_{32}z_2 + b_{33}z_3 + \cdots + b_{3m}z_m + e_3 \\ \cdots \\ x_m = b_{m1}z_1 + b_{m2}z_2 + b_{m3}z_3 + \cdots + b_{mm}z_m + e_m \end{cases} \quad (4.3)$$

式中，$z_1 \sim z_m$ 依次代表 m 个潜在因子，是各原始指标变量均包含的因子，称为共性因子；$e_1 \sim e_m$ 依次代表 m 个只包含在某个原始指标变量之中的，仅仅对某个原始指标变量起作用的个性因子，是各指标变量独有的特殊因子。共性因子与特殊因子之间是相互独立的，找出共性因子是因子分析的主要目标，计算出结果后要对共性因子的实际含义进行探讨，并予以命名。

在因子分析中研究的是包含原始指标变量绝大部分信息的综合变量，对原始指标变量不分因变量和自变量，因子分析要求参与分析的指标变量必须是等间隔测度的或比率的数值型变量，分类变量不适合进行因子分析，那些明显可以做皮尔逊相关系数测算的数据才适合进行因子分析。

因子分析在我国体育科研领域中的应用已非常广泛，包括体育消费者习惯和态度研究、体育品牌形象与特性研究、公共体育服务质量调查研究、运动员个性测试研究、明星运动员形象调查研究及体育产品的市场类型划分研究等。进行因子分析的方法比较多，常用的方法是主成分分析法，因子分析中涉及的统计量包含因子、因子载荷、共性方差、因子得分与载荷旋转。各统计量的大致含义与表达式如下。

1. 因子与因子载荷

根据累计方差贡献率尽量大的原则决定公共因子数目，公共因子数目为 k，初始因子模型为

$$\begin{cases} x'_1 = a_{11}f_1 + a_{12}f_2 + a_{13}f_3 + \cdots + a_{1k}f_k + e_1 \\ x'_2 = a_{21}f_1 + a_{22}f_2 + a_{23}f_3 + \cdots + a_{2k}f_k + e_2 \\ x'_3 = a_{31}f_1 + a_{32}f_2 + a_{33}f_3 + \cdots + a_{3k}f_k + e_3 \\ \cdots \\ x'_m = a_{m1}f_1 + a_{m2}f_2 + a_{m3}f_3 + \cdots + a_{mk}f_k + e_m \end{cases} \quad (4.4)$$

式中，$x'_1 \sim x'_m$ 为对原始指标变量进行均值为 0、标准差为 1 的标准化处理后的变量；f_i 为第 i 个公共因子；a_{ij} 为 x_i 在共性因子 f_j 上的载荷，统计意义就是第 i 个指标变量与第 j 个公共因子的相关系数，表示 x_i 依赖 f_j 的份量。

2. 共性方差

因为 $x'_1 \sim x'_m$ 为对原始指标变量 $x_1 \sim x_m$ 进行标准化处理后的变量，所以每个指标变量的方差值均是 1，即 Variance $(x_i) = 1$，记作 Va $(x_i) = a_{i1}^2 + a_{i2}^2 +$

$a_{i3}^3+\cdots+a_{im}^2+V(e_i)=1$。它包括两个组成部分，其中一部分是几个共性因子共同引起的共性方差（$a_{i1}^2+a_{i2}^2+a_{i3}^2+\cdots+a_{im}^2$），另一部分是由特殊因子引起的特殊方差[$V(e)$]。

共性方差占总方差的百分比例越高，表明共性因子的作用越大。因为每个指标变量的方差值都是1，所以共性方差数值就是所占的百分比例数值。根据因子载荷与共性方差的大小解释共性因子f_1的意义，共性方差计算表达式如下：

$$\text{Vcommon}: V_c(x'_i)=\sum_{j=1}^{m}a_{ij}^2 \qquad (4.5)$$

3. 因子得分与载荷旋转

因子得分是各指标变量的共性因子的值。计算因子得分首先必须写出各共性因子的表达形式，然而共性因子不能被直接观测获得，是潜藏于各原始指标变量中的。可以将共性因子表达为各观测指标变量的线性组合形式，即通过多元线性回归分析方法予以解决，依据各指标变量的观测数值，推算不同共性因子的因子得分。

关于因子载荷旋转，结合相关专业理论知识解释共性因子所具有的实际意义并非易事，往往不能获得比较满意的效果，满足模型要求的共性因子并不是唯一的，只要对初始共性因子进行载荷旋转，便可以获得一组新的共性因子。载荷旋转就是一种坐标变换，在旋转之后的新坐标系中，因子载荷将重新进行分配，使公共因子载荷系数向更大（趋向1）或者更小（趋向0）的方向变化，由此，可能对潜在的共性因子做出专业性的解释，就公共因子进行命名和讨论就相对更加容易。对初始载荷因子进行旋转的方法比较多，一般情况下可分为两大类：一类是能够保证旋转后的各共性因子仍然正交；另一类旋转后则不能保证各共性因子之间的正交关系。

（三）聚类分析

聚类分析（Cluster Analysis）是指根据事物本身特征研究个体分类的方法。聚类分析的原则是同一类中的个体有较高的相似性，不同类中的个体差异比较大。依据分类对象的不同，聚类分析可分为样本聚类和变量聚类。

1. 样本聚类

样本聚类在统计学中又被称为Q型聚类，在专业术语中即是对事件（Cases）

进行聚类，或者对观测变量进行聚类。根据观测对象的各种特征与属性，从而对各变量值进行分类。例如，可根据观众对电视机外观偏好的特点把电视机外观划分为不同组别，并将此结果应用于营销市场的分类，或者把城市作为观测变量进行分类，以便为不同城市的发展策略及规划提供参考等。但是，值得注意的是，应该参考不同的目的选取不同的测度指标作为分类依据。例如，为选拔优秀青少年运动员所采用的测评指标，就有别于课外体育活动小组所采用的测评指标。对我国不同地区体育产业发展的综合实力进行分类，就不能选取与评价目标毫无关联的指标等。

2. 变量聚类

变量聚类在统计学中又被称为 R 型聚类。反映某一事物特征属性的变量较多，通常情况而言，我们会根据研究问题的实际需要，选取部分变量对事物的某一方面展开深入研究。由于对客观事物的认识还存在一定的局限性，某些时候难以找出彼此独立且具有代表性的指标变量，从而影响到对问题的进一步认识和探讨。在常见的回归分析案例中，由于自变量的共线性问题导致回归系数不能真实反映自变量对因变量的影响。鉴于此，首先有必要进行变量聚类，找出彼此独立且具有代表性的自变量，又尽可能避免丢失大部分有效信息。例如，评价学生运动员爆发力水平的指标包括立定跳远、立定三级跳远、原地纵跳摸高、助跑摸高、30 米加速跑等，为了从中选出最具有代表性的指标来反映学生运动员的爆发力水平，就可以尝试对这些指标进行变量聚类。

二、样本选取与数据来源

本章以中国 31 个省、自治区、直辖市作为实证考察对象，剔除了相关统计指标数据缺失较为严重的地区，实际分析样本有 23 个，分别为北京、天津、河北、山西、辽宁、吉林、黑龙江、上海、江苏、浙江、安徽、福建、江西、山东、河南、湖北、湖南、广东、广西、重庆、四川、贵州和云南。基于我国体育用品制造业转型升级综合能力评价指标体系（表 4-1），课题组通过清华大学图书馆官网（http://lib.tsinghua.edu.cn）、国家统计局官网（http://www.stats.gov.cn）、EPS 数据平台（http://olap.epsnet.com.cn/）、《2016 中国统计年鉴》及各省、自治区、直辖市统计局信息网等查询并获取 25 项二级测评指标的初始数据，截止日期为 2015 年 12 月 31 日，部分指标原始数据如附件 2 所示。

第四节　我国体育用品制造业转型升级的综合能力分析

一、体育用品制造业转型升级的综合能力结构要素模型

基于主成分分析法、因子分析法和聚类分析法的内涵、概念、基本原理、应用推广、运算过程及要求假设等理论知识，考虑到我国体育用品制造业转型升级综合能力评价指标体系中的 25 项二级测评指标的计量单位存在较大差异性，为了消除不同量纲对数据统计运算结果的影响，有必要对中国 23 个省、自治区、直辖市 25 项统计指标的原始数据进行 Z-score 标准化处理，再对标准化处理后的数据指标进行因子分析和公因子提取。借助社会学统计分析软件 SPSS 19.0，测算得出 Bartlett 球形检验统计量为 302.13，KMO（Kaiser-Meyer-Olkin，检验统计量）值为 0.73。依据相关度量标准，若 KMO 值越接近 1，表明各指标变量之间的共同因素越多，就越适合进行因子分析。由此，说明本章所选的各项指标变量适合进行因子分析。对 2015 年中国 23 个省、自治区、直辖市的相关统计指标数据进行因子分析，提取得出 4 个公共因子，其各自的方差贡献率分别为 46.990%、21.739%、12.733%、10.522%，累积方差贡献率高达 91.984%，表明这 4 个公共因子能够解释原始指标变量群的绝大部分信息。另外，为了进一步明确各公共因子的影响程度及不同因子载荷大小，以便深入理解公共因子的内涵，运用最大方差法对初始因子载荷矩阵进行正交旋转，旋转后的因子载荷矩阵见表 4-2。

表 4-2　旋转后的因子载荷矩阵

变量	公共因子			
	F_1	F_2	F_3	F_4
X_{18}：快递量（万件）	0.929	0.205	0.243	-0.006
X_{10}：进出口总额（千美元）	0.878	0.220	0.356	0.079
X_{14}：技术市场成交额（亿元）	0.812	0.223	-0.009	-0.226
X_{16}：城镇固定资产投资（亿元）	0.762	0.238	-0.183	0.510
X_{13}：公有经济企事业单位专业技术人员数（人）	0.746	0.284	-0.405	0.344

续表

变量	公共因子 F_1	F_2	F_3	F_4
X_{12}：规模以上工业企业新产品销售收入（万元）	0.729	0.428	0.217	0.357
X_{15}：专利申请受理量（项）	0.713	0.434	0.313	0.253
X_{20}：互联网上网人数（万人）	0.708	0.633	-0.139	0.175
X_{11}：规模以上工业企业 R&D 经费（万元）	0.683	0.484	0.193	0.475
X_{19}：互联网宽带接入用户（万户）	0.664	0.657	-0.101	0.285
X_{17}：公路里程（万千米）	0.641	-0.035	-0.689	0.018
X_{24}：每十万人口高等学校平均在校生数（人）	-0.145	0.939	-0.076	-0.063
X_{23}：普通高等学校教职工总数（万人）	0.234	0.903	0.294	0.126
X_{22}：普通本科招生数（万人）	0.333	0.899	-0.057	0.166
X_{21}：普通高校数（所）	0.276	0.882	-0.035	0.232
X_{25}：教育经费（万元）	0.657	0.702	0.015	0.195
X_6：人均国内生产总值（元）	0.296	-0.084	0.898	0.196
X_9：平均预期寿命（岁）	0.201	-0.026	0.855	0.128
X_7：城镇居民消费水平（元）	0.399	-0.053	0.840	0.089
X_8：第三产业增加值（亿元）	0.315	0.575	0.672	0.312
X_1：利润总额（千元）	0.240	0.331	0.039	0.895
X_5：出口交货值（千元）	0.271	0.138	-0.033	0.885
X_3：流动资产平均余额（千元）	0.462	0.157	0.027	0.836
X_4：应交增值税（千元）	0.362	0.390	0.044	0.823
X_2：资产总计（千元）	0.638	0.232	0.014	0.678

第一个公共因子（F_1）既包括城镇固定资产投资（X_{16}）、快递量（X_{18}）和公路里程（X_{17}），这3项统计指标反映了某一地区的基础设施建设及其物流业务发展状况；又涵盖公有经济企事业单位专业技术人员数（X_{13}）、规模以上工业企业 R&D 经费（X_{11}）、专利申请受理量（X_{15}）、技术市场成交额（X_{14}）与规模以上工业企业新产品销售收入（X_{12}），其中，前2项统计指标反映了某一地区在技

术创新方面的人员和经费投入情况，后3项统计指标则反映了某一地区在技术创新方面的专利、技术与新产品产出状况。同时，还有互联网宽带接入用户（X_{19}）和互联网上网人数（X_{20}），这2项统计指标反映了某一地区的网络信息服务及上网普及率。综上所述，可以将该公共因子定义为促进我国体育用品制造业转型升级的基础设施服务与技术创新能力。

第二个公共因子（F_2）包括普通高等学校教职工总数（X_{23}）、普通高校数（X_{21}）及教育经费（X_{25}），这3项指标反映了某一地区在人才培养方面的师资、设施与经费投入状况。同时，每十万人口高等学校平均在校生数（X_{24}）和普通本科招生数（X_{22}）也隶属于该公共因子，这两项指标反映了某一地区人才资源的产出情况。总体而言，这5项指标是表现我国体育用品制造业转型升级综合能力的人力资源要素，是体育用品制造业由劳动密集型向知识密集型转变的重要保障。因此，可以将该公共因子定义为人力资本供给能力。

第三个公共因子（F_3）包含人均国内生产总值（X_6）与第三产业增加值（X_8），这两项指标反映了某一地区的经济发展总量和产业结构状况，并且平均预期寿命（X_9）、城镇居民消费水平（X_7）也属于该公共因子，其主要反映了某一地区的人民生活和消费水平情况。总体来讲，这4项指标是表现我国体育用品制造业转型升级综合能力的区域经济发展要素，是实现转型升级的重要基石。因此，可以将该公共因子定义为区域经济发展能力。

第四个公共因子（F_4）包括利润总额（X_1）、出口交货值（X_5）、流动资产平均余额（X_3）、应交增值税（X_4）和资产总计（X_2），这5项指标反映了某一地区体育用品制造业的盈利水平、国际化态势、资产运营效率、成长状况及其发展规模等。这些方面是我国体育用品制造业自身财务竞争力的重要体现，是体育用品制造业实现转型升级的前提。因此，可以将该公共因子定义为企业财务发展能力。

基于上述对4个公共因子的提取、分析和定义，形成我国体育用品制造业转型升级的综合能力结构模型，如图4-1所示。从图4-1中可以看出，根据所构建的我国体育用品制造业转型升级综合能力评价指标体系，通过因子分析及主成分分析，归纳并提炼得出影响体育用品制造业转型升级的四大能力要素：基础设施服务与技术创新能力、人力资本供给能力、区域经济发展能力和财务竞争能力。其中，基础设施服务与技术创新能力包括基础设施投资与建设、前后向关联产业发展、互联网覆盖与普及、技术投入与技术产出；人力资本供给能力包括人才培养投入要素和人才资源产出效率;区域经济发展能力包括经济发展总量与结构、人民生活与消费水平;财务竞争能力包括企业盈利水平、企业国际化发展趋势、企业资金运营效率、企业成长状况、企业发展总量与规模。

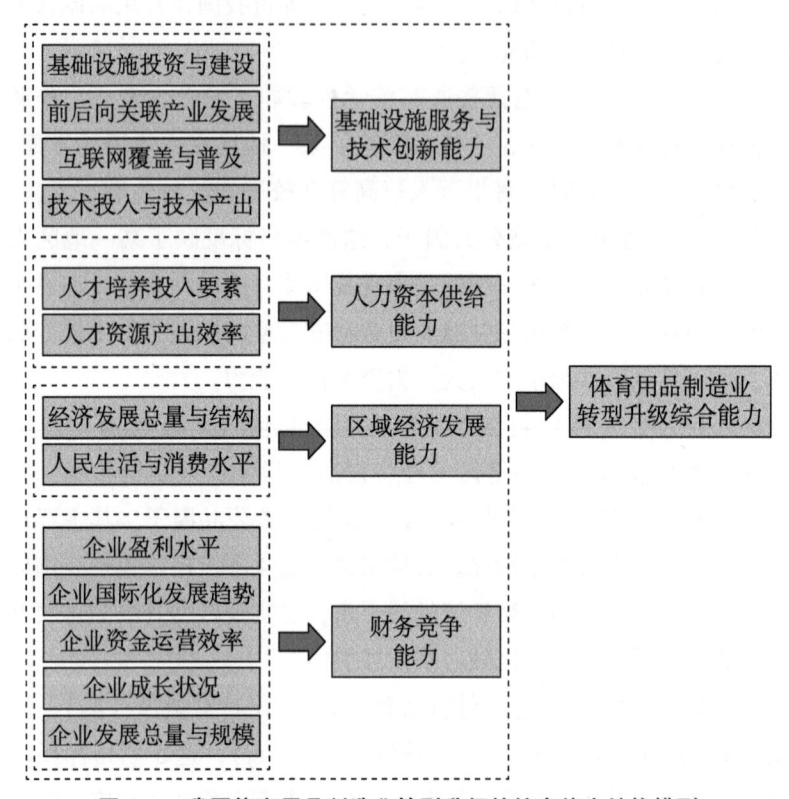

图 4-1 我国体育用品制造业转型升级的综合能力结构模型

二、体育用品制造业转型升级的综合能力排名与评价

以提取的 4 个公共因子的方差贡献率为权重系数,得出我国体育用品制造业转型升级综合能力得分的计算公式:

$$F = 0.4699F_1 + 0.21739F_2 + 0.12733F_3 + 0.10522F_4 \tag{4.6}$$

式中,F 为综合得分;F_i($i = 1, 2, 3, 4$)为各公共因子得分。

通过式(4.6)推算得出中国 23 个省、自治区、直辖市体育用品制造业转型升级的综合能力得分与排名,结果见表 4-3。从整体来看,我国体育用品制造业转型升级综合能力的强弱分布存在着比较显著的区域差异特征,珠三角和长三角经济区域体育用品制造业转型升级的综合能力更强,其次是京津冀区域,而东北地区与中西南地区体育用品制造业转型升级综合能力整体偏弱。

表4-3 中国23个省、自治区、直辖市体育用品制造业转型升级的综合能力得分与排名

地区	F_1 得分	排名	F_2 得分	排名	F_3 得分	排名	F_4 得分	排名	F 得分	排名
北京	-0.6338	22	0.5893	9	3.1821	1	-1.1740	23	0.1119	6
天津	-0.4131	14	-1.4050	23	1.5118	3	0.5098	5	-0.2534	15
河北	-0.3609	12	0.6679	7	-0.6605	21	-0.3523	16	-0.1456	11
山西	-0.3826	13	-0.5571	15	-0.5605	18	-0.2383	12	-0.3973	20
辽宁	-0.4756	17	0.2318	10	0.3453	5	-0.3930	17	-0.1705	12
吉林	-0.5580	21	-0.8926	19	-0.0100	9	0.0446	7	-0.4528	22
黑龙江	-0.4726	16	-0.4431	12	-0.2947	12	-0.3438	15	-0.3921	19
上海	0.6957	3	-1.3719	22	1.6008	2	-0.0293	8	0.2294	5
江苏	0.6626	4	1.6798	1	0.9790	4	1.1523	2	0.9224	2
浙江	1.8331	2	-0.5301	14	0.1257	7	0.1723	6	0.7803	3
安徽	-0.3440	11	0.2238	11	-0.4774	15	-0.1370	9	-0.1882	13
福建	0.4926	5	-1.1860	21	-0.2623	11	1.0316	3	0.0488	7
江西	-0.5077	19	-0.5012	13	-0.4886	16	0.7182	4	-0.3342	17
山东	-0.2942	10	1.1467	5	-0.1150	10	3.7144	1	0.4872	4
河南	-0.4856	18	1.6325	2	-0.5562	17	-0.6701	19	-0.0146	8
湖北	-0.7720	23	1.2629	4	0.1511	6	-0.7206	20	-0.1448	10
湖南	-0.5456	20	0.6553	8	-0.4666	14	-0.1953	11	-0.1939	14
广东	3.7333	1	0.7675	6	-0.3252	13	-0.7687	21	1.7988	1
广西	-0.2196	8	-0.6707	17	-0.5893	19	-0.2702	13	-0.3525	18
重庆	-0.2720	9	-0.8411	18	0.0341	8	-0.1451	10	-0.3216	16
四川	-0.4238	15	1.3153	3	-0.6160	20	-1.0259	22	-0.0996	9
贵州	-0.1179	6	-1.1404	20	-1.1574	22	-0.3360	14	-0.4860	23
云南	-0.1383	7	-0.6336	16	-1.3503	23	-0.5763	18	-0.4319	21

就具体情况而言,位于珠三角区域的广东是先进制造业和现代服务业基地,

具有较大的国际影响力，是中国参与经济全球化发展的主体区域，对外开放程度较高，其在基础设施建设、科技创新、技术研发、人才资源等方面存在明显优势，区域经济发展实力较强，辐射拉动效应较强，是全国经济增长的重要引擎之一。因此，该省份体育用品制造业转型升级的综合能力较突出。

地处长三角区域的上海、江苏和浙江，此经济带是中国经济发展速度最快、经济总量规模最大、最具发展潜力的经济板块，也是我国对外开放的最大地区，其工业基础实力雄厚、商品经济发达、水路交通便捷。同时，这3个省市的产业经济结构不断优化升级，居民收入水平和消费水平稳步提升，居民消费意识进一步转变，体育用品制造业的自身发展状况也较好。因此，在坚实的经济基础条件下，同时兼具较强的基础设施服务能力、技术创新能力和企业自身财务竞争能力等要素，上海、江苏及浙江体育用品制造业转型升级综合能力均位居全国前列。

就京津冀区域而言，北京作为中华人民共和国的首都、国际化大都市，是全国的政治中心、文化中心、科技创新中心和国际交往中心，其在政治、经济、教育、科技、旅游、交通、医疗等方面均具有得天独厚的优势。因此，相对于天津与河北来说，北京体育用品制造业转型升级的综合能力更强，且在全国排名也比较靠前。

位于东北地区的辽宁、吉林、黑龙江，以及处于中西部地区的湖北、湖南、安徽、四川、重庆、贵州、云南等11个省、市、自治区，这些省、市、自治区与珠三角、长三角、京津冀区域的一些省市相比，其在经济发展规模、基础设施建设、技术创新水平、人力资源培养和储备、企业自身经营管理效率等方面均存在不小的差距。因此，这些省市体育用品制造业转型升级的综合能力将或多或少受到一定制约，但提升空间仍很大。

另外，通过仔细观察与分析还发现，我国体育用品制造业转型升级综合能力排名前7位的省市，绝大部分地区的基础设施服务能力、技术创新能力、区域经济发展能力、人力资本供给能力和企业财务竞争能力的综合排名也都位列全国前茅。在一定程度上说明中国体育用品制造业转型升级的综合能力与这些发展要素存在着直接的关联关系，即某一地区的经济发展水平越高，基础设施建设越完善，技术创新程度越强，人才资源越充足，其体育用品制造业转型升级的综合能力就相对越强。

三、体育用品制造业转型升级综合能力的聚类分析

为了进一步明确我国体育用品制造业转型升级综合能力的区域差异性，运用 K-均值聚类法，对中国 23 个省、自治区、直辖市体育用品制造业转型升级的综合能力得分值依次进行 $K=3，4，5，6$ 的聚类分析。根据不同的聚类分析结果，并结合各省市的实际发展状况，最终选取 $K=4$ 进行聚类分析，结果见表 4-4。

表 4-4 中国 23 个省、自治区、直辖市体育用品制造业转型升级的综合能力聚类分析结果

类别	地区
第一类	广东
第二类	江苏、浙江、山东
第三类	上海、北京、福建
第四类	天津、河北、山西、辽宁、吉林、黑龙江、安徽、江西、河南、湖北、湖南、广西、重庆、四川、贵州、云南

由表 4-4 可知，广东属于第一类地区，第二类地区包括江苏、浙江和山东，第三类地区包含上海、北京与福建，第四类地区包括天津、河北、山西、辽宁、吉林、黑龙江、安徽、江西、河南、湖北、湖南、广西、重庆、四川、贵州及云南 16 个省、市、自治区。通过比较体育用品制造业转型升级综合能力的排名与聚类结果发现：综合能力排名第 1 位的广东被归为第一类，表明广东在关系体育用品制造业转型升级综合能力的技术创新、基础设施建设、经济发展水平、人力资本供给、人民生活和消费水平等方面具备明显优势。综合能力排名第 2、3、4 位的江苏、浙江、山东聚为一类，说明这 3 个省份体育用品制造业转型升级的综合能力差异性较小，在聚类分析中呈现出相似特征。综合能力排名第 5、6、7 位的上海、北京、福建聚为一类，表明这 3 个省市体育用品制造业转型升级的综合能力差异性也不大。综合能力排名第 8~23 位的河南、四川、湖北、河北及辽宁等聚为一类，这 16 个省、市、自治区绝大多数地处中西部地区，其在区域经济发展总量、产业结构比例、人民生活与消费、文化教育程度等方面具有一定的相似性。因此，这些省、市、自治区体育用品制造业转型升级的综合能力也相当。

第五节 小 结

（1）在目前国内外新的经济发展形势下，我国体育用品制造业的转型升级势在必行。对于我国体育用品制造业转型升级综合能力的评价研究能够从不同视角展开，本章根据我国体育用品制造业转型升级的内涵及行业发展现状，重点围绕企业财务发展能力、区域经济发展能力、技术创新能力、基础设施服务能力和人力资本供给能力5个能力要素，构建了我国体育用品制造业转型升级综合能力评价指标体系。

（2）本章以中国23个省、自治区、直辖市作为实证分析样本，运用主成分分析法、因子分析法及聚类分析法，提取影响我国体育用品制造业转型升级的4个重要因素：基础设施服务与技术创新能力、人力资本供给能力、区域经济发展能力和财务竞争能力。与此同时，对我国23个省、自治区、直辖市体育用品制造业转型升级的综合能力进行了排名及分析，并且对我国体育用品制造业转型升级综合能力的差异性进行了深层次探讨。

第五章
我国体育用品制造业转型升级的效果水平

2014年11月，习近平总书记在亚太经济合作组织工商领导人峰会开幕式主题演讲中阐述了经济新常态下中国发展的基本特征，即为经济增长从高速转为中高速，从规模速度型粗放增长转向质量效率型集约增长，从要素投资驱动转为创新驱动。2016年，国家体育总局发布的《体育产业发展"十三五"规划》，主要任务包括优化市场环境、提升产业能级等，具体涉足结合传统制造业去产能、引导我国体育用品制造业转型升级，优化体育用品制造行业结构，提升体育用品制造业发展层次，提高我国体育用品企业的关键技术和产品自主创新能力，鼓励各类体育用品企业向服务业延伸发展等。

与此同时，学术界普遍认为，随着我国要素结构的变迁，支撑我国体育用品制造业高速增长的低成本红利已逐步消失，无论是国际经济与产业发展环境变化带来的外部压力，还是国内经济发展现实，均要求我国体育用品制造业必须进入转型升级的运行轨道。据相关研究资料显示，中国体育用品制造业正沿着价值链高端攀升，从规模增长转向质量效益提升，该行业目前面临一个前所未有的转型升级良机。

基于上述语境，推动制造业转型升级是我国经济发展方式转变的必然要求，而推进我国体育用品制造业转型升级则是一种有效路径。面对国内外新的经济发展形势，伴随国家各大战略的相继实施，各种政策及其文件也陆续落地实施，通过前期的不懈努力，目前我国体育用品制造业转型升级的效果水平到底怎么样？这是值得大家关注的问题。因此，在对我国体育用品制造业转型升级的影响因素进行实证研究之前，有必要就这一问题展开探讨，从而为后续研究做好铺垫。

第一节 相关研究动态及评述

自 2005 年以来,国内关于体育用品制造业发展与经营效果(绩效)的相关研究成果不断涌现,通过梳理和归纳,可以大致分为如下 3 个层面。

一、我国体育用品制造业经营(市场)绩效的评价研究

从整体视角出发,对我国体育用品制造业经营(市场)绩效进行评价研究的文献不断呈现。张瑞林等基于半结构式访谈等研究技术,对我国冰雪体育用品共性技术应用过程绩效进行了深入探讨,并通过扎根理论构建得出我国冰雪体育用品共性技术应用过程绩效的评价指标体系,采用结构熵权法建立了我国冰雪体育用品共性技术应用过程绩效评价指标的权重系数,进而对其技术应用过程绩效展开了评价研究[1]。齐慧芳以现存研究成果为基础,根据突变级数的理论原理,借鉴平衡记分卡的思想构建了评价指标,并利用突变级数法建立我国体育用品制造业配送绩效评价模型,使体育用品制造业的经营管理者能够有效判断当前企业经营活动的盈利状况,进而还可发现未被有效控制的领域[2]。蒋思庆和陈颁运用多元数理统计分析方法对我国区域体育用品制造业经营绩效进行评价研究,分析发现我国区域体育用品制造业经营管理绩效的产出水平整体偏低。其中,广东、福建、浙江属于体育用品制造业的高投入区域,吉林、甘肃、四川属于体育用品制造业的低投入区域,广东、山东、浙江属于体育用品制造业的高产出区域,四川、贵州、甘肃、湖南属于体育用品制造业的低产出区域[3]。陈颁采用结构方程模型(Structural Equation Modeling, SEM)探讨了我国体育用品制造业产品销售状况、资产运营状况、债务状况与经营管理绩效之间的相互关系及影响路径。结果表明,产品销售状况、资产运营状况对我国体育用品制造业经营管理绩效具有显著的正向影响,债务状况对我国体育用品制造业经营管理绩效具有显著的负向影响[4]。

---

[1] 张瑞林,李凌,王先亮. 冰雪体育用品共性技术应用过程绩效评价研究 [J]. 成都体育学院学报,2018,44(5):7-13.
[2] 齐慧芳. 体育用品制造业配送绩效评价模型的研究 [J]. 西部皮革,2016,38(18):121.
[3] 蒋思庆,陈颁. 我国区域体育用品制造业经营绩效评价研究 [J]. 体育文化导刊,2010(3):70-73,130.
[4] 陈颁. 基于 SEM 的体育用品制造业经营管理绩效测评模型 [J]. 武汉体育学院学报,2009,43(1):43-48.

二、我国体育用品制造企业（公司）的经营绩效评价研究

从微观视角出发，对某一（些）体育用品制造企业（公司）的经营绩效展开测评研究的成果也较多。路伟尚从市场把握能力、资源整合能力、组织管控能力和持续创新能力4个维度，构建了我国体育用品企业的战略转型能力评价指标体系，并以安踏公司为个案，对其战略转型能力进行了评价与分析。结果表明，安踏公司的战略转型能力属于"强"这一级别，市场把握能力、资源整合能力和持续创新能力均为优秀，从而保障了该公司能顺利完成战略转型[1]。江亮等以耐克、阿迪达斯、李宁与安踏为例，运用文献资料法、广告观察法和比较分析法，从营销理念、营销结构、营销渠道3个层面出发，对国内外著名体育用品品牌的营销活动状况进行了比较。研究发现，耐克和阿迪达斯以消费者心智为中心，主要采用定位营销；李宁和安踏则以生产者为中心，主要采用产品营销。耐克与阿迪达斯均构建了立体的三级营销结构，而李宁和安踏的营销呈现扁平化结构[2]。刘战伟基于财务分析视角，以李宁公司为个案，探讨了我国体育用品上市公司的财务效率，指出其存在的主要问题，并在此基础上提出了改善对策，进而为我国体育用品上市公司的发展提供参考[3]；黄宁选取2008—2012年深圳、上海股市体育产业上市公司的原始数据作为分析样本，运用数据包络分析（Data Envelopment Analysis，DEA）方法对其经营管理绩效进行了评价研究。结果发现，体育产业上市公司的技术创新和转化能力水平总体偏低，经营管理与生产技术水平处于波动发展阶段，规模不经济是导致效率低下的主要原因[4]。

三、我国体育用品制造业经营绩效（效率）的相关因素研究

在我国体育用品制造业经营绩效（效率）的相关因素研究方面，郭正茂等以中国体育用品制造业上市公司2010—2015年的财务数据为分析样本，借鉴波

---

[1] 路伟尚，金育强. 我国体育用品企业战略转型能力的评价与分析——以安踏公司为例 [J]. 武汉体育学院学报, 2019, 53 (4): 34-40, 85.
[2] 江亮，邹娟花，李红军，等. 国内外一线体育用品品牌营销比较研究——以耐克、阿迪达斯与李宁、安踏为例 [J]. 河北体育学院学报, 2016, 30 (6): 14-21.
[3] 刘战伟. 中国体育用品上市公司财务效率研究——以李宁公司为例 [J]. 福建金融管理干部学院学报, 2016 (4): 47-54.
[4] 黄宁. 基于DEA-Tobit的中国体育用品上市公司的经营绩效分析 [J]. 现代商业, 2014 (27): 244-246.

特基本竞争战略分类范式，采用EFA（Exploratory Factor Analysis，探索性因子分析法）、CFA（Confirmatory Factor Analysis，验证性因子分析法）识别体育用品制造公司的竞争战略类型，通过多元回归模型探讨了竞争战略对体育用品制造业上市公司短期绩效的影响。结果表明，我国体育用品制造业上市公司在竞争战略定位中，实施低成本战略和差异化战略均能对其短期绩效产生显著的正向影响[①]。陈瑜和杨自伟基于社会资源理论，建立了我国体育用品企业销售主管的外部网络构建行为、内部网络构建行为与销售团队绩效的关系模型，以体育用品企业销售主管为研究对象，通过相关数据对该理论模型进行了实证检验。结果发现，在控制体育用品企业及销售主管相关影响因素的基础上，销售主管的外部网络和内部网络构建行为对其销售团队的运营绩效存在显著的正向影响[②]。钟华梅等在梳理专利技术与公司绩效相关文献的基础上，对我国体育用品企业专利技术的现状和特征进行了描述。通过分析13家体育用品上市公司2007—2014年专利申请状况，以体育用品企业的公司绩效指标为被解释变量，选取专利技术数量为解释变量，建立多元线性回归模型实证检验专利技术对我国体育用品企业公司绩效的影响。结果表明，体育用品企业的专利总数与总资产周转率呈负相关关系，外观设计专利、实用新型专利、发明专利与总资产周转率呈正相关关系[③]。田玲采用我国13家体育用品上市企业2008—2014年的非平衡面板数据，建立了多元回归模型，对体育用品企业高管薪酬与企业绩效之间的关系进行实证检验。分析发现，我国体育用品企业高管薪酬与企业绩效之间存在正相关关系[④]。

通过上述国内相关研究动态的梳理不难发现，不管是从宏观视角出发，还是从微观视角切入，目前学者已对我国体育用品制造业发展与经营绩效（效果）进行了较为广泛的探讨，具体内容涉及我国体育用品制造业经营绩效的总体测评、体育用品上市公司（企业）的绩效评价、体育用品制造公司（企业）经营绩效的影响因素等方面。另外，学者也从不同视角对我国体育用品制造业转型升级的相关问题进行了理论与实证探讨，具体内容涉足我国体育用品制造业转型升

---

① 郭正茂，谭宏，杨剑．竞争战略对中国体育用品制造业上市公司短期绩效影响的实证研究——基于PORTER基本竞争战略分类范式［J］．山东体育学院学报，2018，34（6）：1-7.
② 陈瑜，杨自伟．体育用品企业销售主管的网络建构行为对团队绩效的影响［J］．上海体育学院学报，2017，41（5）：64-70.
③ 钟华梅，王兆红，刘念．体育用品企业专利技术与公司绩效关系的实证研究［J］．中国体育科技，2016，52（1）：30-35.
④ 田玲．体育用品企业高管薪酬与企业绩效关系研究［J］．北方经贸，2015（12）：170-171.

级的影响因素、发展困境、路径依赖、市场风险、培育模式、战略选择及国外经验等方面。但是，对我国体育用品制造业转型升级的效果（绩效）展开测度与评价的研究成果则甚少。鉴于此，本章在借鉴现存文献资料的基础上，根据2016年国家工业和信息化部颁布的《关于促进文教体育用品行业升级发展的指导意见》，结合我国社会经济实际发展状况及其体育用品制造业未来发展趋势，构建了我国体育用品制造业转型升级效果的评价指标体系，采用多指标综合评价技术方法，对2011—2016年我国体育用品制造业转型升级的效果进行实证检验，以期为深入推进我国体育用品制造业转型升级战略提供参考。

第二节　我国体育用品制造业转型升级效果评价指标体系

评价指标体系的构建应充分考虑我国体育用品制造业转型升级的内涵。依据2016年国家工业和信息化部颁布的《关于促进文教体育用品行业升级发展的指导意见》，明确提出我国体育用品制造业转型升级要实现七大转变，即第一是产品供给从品种单一化向丰富化转变；第二是产品制造加工由低端向中高端转变；第三是产业链条从短向长转变；第四是技术创新能力由弱向强转变；第五是品牌影响力从国内优势向国际优势转变；第六是产品资源利用效率由高排放高污染向环保低碳转变。第七是地域范围从东部主导向东中西部协调发展转变。这七大转变能够充分体现我国体育用品制造业转型升级的内涵与特征，明确了我国体育用品制造业转型升级的未来走向，故可以据此得出我国体育用品制造业转型升级效果评价指标体系的6个主要维度，即产品供给转型升级、产业价值链转型升级、经营主体转型升级、产品结构转型升级、区域发展转型升级和节能减排转型升级[1]。

评价指标体系的构建还应该考虑我国体育用品制造业的实际发展状况。根据我国体育用品行业的进出口贸易，我国体育用品出口规模远大于进口。2016年，我国体育用品出口额达161.65亿美元，而进口额仅为8.58亿美元。2017年上半年，我国体育用品进出口规模分别为4.22亿美元和86.58亿美元[2]。另外，从行业内外销比例来看，我国体育用品行业产品以外销为主，2016年，体育用品行

---

[1] 曲建忠，吴宗杰. 山东省加工贸易转型升级绩效的定量评价［J］. 华东经济管理，2013，27（11）：30-33.
[2] 李佩娟. 2017年体育用品行业发展现状及进出口分析［EB/OL］.（2017-08-02）［2024-04-03］. qianzhan.com/analyst/detail/zz0/170802-fe7a0lc7.html.

业产品外销比例为74.77%，而内销比例仅为25.23%①。由此，说明我国体育用品制造业发展仍然以产品出口贸易为主导。虽然我国已是体育用品制造大国，但依然存在产品附加值较低、产业链条较短、核心技术含量较少、可持续回收利用率低下等问题，且易受劳动力、原材料及市场环境等因素的影响。2016年国家工业和信息化部颁布的《关于促进文教体育用品行业升级发展的指导意见》提出：积极主导和参与国际标准制修订，推动我国优势产业技术标准成为国际标准，加强国际合作交流，进一步提升国际市场对我国检测及认证结果的认可度。加强行业的技术交流合作，组织新产品鉴定和推广，推进技术创新和科学管理，积极组织国际交流合作和企业培训等行业活动。因此，根据我国体育用品制造业的发展现状及转型升级目标，可以在评价指标体系中再增设一个考察维度：境外发展转型升级。

我国体育用品制造业转型升级的效果评价是相关政府职能部门、行业协会组织及体育用品制造企业（公司）的基本任务，评价指标体系中的各具体测度指标尽量简单、实用且具有代表性，确保统计指标数据的可获取性、权威性、规范性与可比性，使评价指标体系更具有可操作性。综合考虑上述各方面因素，同时在遵循全面性、系统性和有效性等原则的基础上，建构得出我国体育用品制造业转型升级效果的评价指标体系，见表5-1。

表5-1 我国体育用品制造业转型升级效果的评价指标体系

一级指标	二级指标	三级指标	指标代码
体育用品制造业转型升级	产品供给转型升级	体育用品制造产成品（千元）	X_1
		体育用品制造产成品同比增长（%）	X_2
	产业价值链转型升级	体育用品制造增值税（千元）	X_3
		体育用品制造增值税同比增长（%）	X_4
	经营主体转型升级	内资体育用品制造总资产比重（%）	X_5
		内资体育用品制造产品销售收入比重（%）	X_6
	产品结构转型升级	体育用品制造主营业务收入同比增长（%）	X_7
		体育用品制造主营业务税金及附加同比增长（%）	X_8

---

①出口额按当年年平均汇率换算。行业内销比例=[（行业销售收入-出口额）/行业销售收入]×100%，行业外销比例=[出口额/行业销售收入]×100%。

续表

一级指标	二级指标	三级指标	指标代码
体育用品制造业转型升级	区域发展转型升级	中西部地区体育用品制造产品出口交货值（千元）	X_9
		中西部地区体育用品制造产品出口交货值同比增长（%）	X_{10}
	节能减排转型升级	单位体育用品制造出口额废水排放（万吨/亿元）	X_{11}
		单位体育用品制造出口额能耗（万吨标准煤/亿元）	X_{12}
	境外发展转型升级	外商和港澳台投资体育用品制造利润总额（千元）	X_{13}
		外商和港澳台投资体育用品制造应交增值税（千元）	X_{14}

由表5-1可知，我国体育用品制造业转型升级效果评价指标体系涵盖7个维度，共计14项具体测度指标。根据国家统计局关于体育用品制造业的相关统计指标口径，内资体育用品制造业是指非外商或港澳台投资的体育用品制造企业，包括国有企业、集体企业、股份合作企业、股份制企业、私营企业和其他所有制形式企业。依据我国关于三大经济区域划分标准，中西部地区体育用品制造业所涉足的省份有19个，分别为山西、内蒙古、吉林、黑龙江、安徽、江西、河南、湖北、湖南、陕西、甘肃、青海、宁夏、新疆、四川、重庆、云南、贵州与西藏。关于节能减排转型升级测度指标的选取，因为缺乏体育用品制造业废水排放及能耗的专门统计数据，所以本章根据工业发展的相关指标数据予以推算获取。其中，单位体育用品制造出口额废水排放=（体育用品制造出口额÷工业增加值×工业废水排放量）÷体育用品制造出口额，单位体育用品制造出口额能耗=（体育用品制造出口额÷工业增加值×工业终端能耗量）÷体育用品制造出口额，体育用品制造出口额采用人民币汇率价格进行折算。

第三节 我国体育用品制造业转型升级效果水平分析

一、数据来源

由于考虑到指标数据的可获取性与统计指标口径的一致性问题，本章采用

2011—2016年的数据，以2014年我国首次提出的"经济新常态"发展理念为背景，实证检验中国实施转型升级战略前后我国体育用品制造业转型升级的效果水平。基于我国体育用品制造业转型升级效果的评价指标体系（表5-1），通过清华大学图书馆官网（http://lib.tsinghua.edu.cn）、中国工业行业数据库、中国工业经济数据库（http://olap.epsnet.com.cn/index.html）、中宏产业研究平台（http://mcin.macrochina.cn/MacroCy/index.html）、国家统计局官网（http://data.stats.gov.cn/index.htm）和国务院发展研究中心信息网（http://www.drcnet.com.cn/www/int/）等查询并获取20项统计指标，对部分无法直接获得的统计指标进行运算、转换处理，部分指标原始数据如附件3所示。

二、实证结果与分析

我国体育用品制造业转型升级效果的评价指标体系包括14项指标变量，各指标的计量单位存在较大差异性，并且彼此之间可能还具有一定的关联性。为了消除量纲差异和多重共线性问题对数理统计运算的影响，首先对各指标变量进行Z-score标准化处理，再选择多元数理统计分析方法中的因子分析展开实证检验。本章节所涉及的具体研究方法的基本原理、计算过程等详见第四章节。

（一）体育用品制造业转型升级效果评价指标体系的公共因子提取

通常情况而言，在进行综合测评之前，指标变量的同向趋势化处理是非常必要的，一般是把逆向指标和适度指标转变为正向指标。变量X_1、X_2、X_3和X_4均属于正向指标，意味着指标数值越大，体育用品制造业的产品供给与产业价值链攀升效果越好。变量X_{11}和X_{12}为逆向指标，运用负数法对其进行正向化处理。变量X_5、X_6、X_7、X_8、X_9、X_{10}、X_{13}与X_{14}都属于适度指标，这些指标数值不能够过高也不能太低，但是须保持一个较为合理的比例结构，故可将其视为正向指标。另外，考虑到研究期限较短，即样本观测量有限，须判定因子分析法的适用性。相关分析检验结果显示，14项统计指标变量之间的相关系数绝大部分大于0.60，并且通过了1%的显著性水平检验，说明各项指标变量之间存在较高关联性。KMO和Bartlett球形检验结果表明，KMO值为0.658，Bartlett球形检验统计量为216.17，也通过了1%的显著性水平检验，说明相关矩阵与单位矩阵存在显著性差异。经上述检验得出，可以对我国体育用品制造业转型升级效果的评价指标体系提取公共因子。借助社会学统计分析软件SPSS 19.0，采用主成分分析法，按照特征根大于1的原则提取2个公共因子（F_1、F_2），初始因子方差贡献率分别为62.264%和29.270%，旋转后的因子方差贡献率为54.548%和36.986%，累积方差贡献率达91.534%，表明这2个公共因子能够解释原始指标变量群的绝大部分信息，在较大程度上可以替代该评价体系的14项指标变量，对我国体育用品制造业转型升级的效果进行度量，结果见表5-2。

表5-2 体育用品制造业转型升级效果评价指标体系的公共因子提取结果

主成分	未旋转的初始因子			旋转后的主因子		
	特征根	方差贡献率（%）	累积方差贡献率（%）	特征根	方差贡献率（%）	累积方差贡献率（%）
F_1	9.517	62.264	62.264	7.637	54.548	54.548
F_2	3.298	29.270	91.534	5.178	36.986	91.534

（二）体育用品制造业转型升级效果的因子得分与评价

基于初始因子载荷矩阵，对其进行方差最大化正交旋转，旋转后的因子载荷矩阵见表5-3。

表5-3 旋转后的因子载荷矩阵

指标变量	公共因子	
	F_1	F_2
X_1：体育用品制造产成品（千元）	-0.450	0.877
X_2：体育用品制造产成品同比增长（%）	-0.160	0.833
X_3：体育用品制造增值税（千元）	0.888	-0.458
X_4：体育用品制造增值税同比增长（%）	0.750	-0.643
X_5：内资体育用品制造总资产比重（%）	0.873	-0.441
X_6：内资体育用品制造产品销售收入比重（%）	0.907	-0.365
X_7：体育用品制造主营业务收入同比增长（%）	-0.401	0.838
X_8：体育用品制造主营业务税金及附加同比增长（%）	-0.379	0.854
X_9：中西部地区体育用品制造产品出口交货值（千元）	-0.325	0.931
X_{10}：中西部地区体育用品制造产品出口交货值同比增长（%）	-0.541	0.824

续表

指标变量	公共因子	
	F_1	F_2
X_{11}：单位体育用品制造出口额废水排放（万吨/亿元）	-0.884	0.419
X_{12}：单位体育用品制造出口额能耗（万吨标准煤/亿元）	-0.726	0.669
X_{13}：外商和港澳台投资体育用品制造利润总额（千元）	0.625	-0.532
X_{14}：外商和港澳台投资体育用品制造应交增值税（千元）	0.945	-0.245

由表 5-3 可知，公共因子 F_1 在指标变量 X_3、X_4、X_5、X_6、X_{11}、X_{12}、X_{13}、X_{14} 上的因子载荷较高，并且因子载荷绝对值均大于 0.60，这 8 项指标主要反映我国体育用品制造业的产业价值链升值和完善程度、经营主体的变迁状况、绿色发展的节能减排效果、对外开放的境外企业投资发展状况等方面，涵盖了经济效益、经营与管理、环境保护、全球化发展等信息，故将其命名为综合效益优化因子。公共因子 F_2 在指标变量 X_1、X_2、X_7、X_8、X_9、X_{10} 上的因子载荷较高，并且因子载荷均大于 0.80，这 6 项指标主要反映我国体育用品制造业产品供给的规模数量和增长速度、产品类型多元化演变趋势、区域协调化发展程度等方面，包含产业发展规模、产品结构和区域经济协调等信息，因此将其命名为规模结构优化因子。由表 5-2 可知，综合效益优化因子 F_1 的方差贡献率（62.264%）明显高于规模结构优化因子 F_2（29.270%），说明我国体育用品制造业综合效益与规模结构的优化升级尚处于非均衡协调发展状态。

根据上述公共因子提取结果，运用回归分析方法测算得出 2 个公共因子的得分；然后以这 2 个公共因子的方差贡献率为权重系数，并且进行归一化处理，得出我国体育用品制造业转型升级效果综合得分的计算公式：

$$F = 0.680F_1 + 0.320F_2 \tag{5.1}$$

式中，F 为综合得分；F_i（i=1, 2）为各公共因子得分。

通过式（5.1）推算得出 2011—2016 年我国体育用品制造业转型升级效果的综合评价得分，结果如图 5-1 所示。由图 5-1 可知，在 2011—2016 年我国体育用品制造业转型升级效果的历史演变过程中，2012 年和 2013 年是两个较为显著的时间拐点。就各公共因子得分而言，2011—2013 年，我国体育用品制造业转型升级的综合效益优化因子得分与规模结构优化因子得分均于 2012 年跌至最小值，但综合效益优化因子得分低于规模结构优化因子得分，到 2013 年以后两者发生了重大逆转，综合效益优化因子得分稳定上升，而规模结构优化因子得分则持续下滑。从综合得分来看，2011—2012 年呈快速降低状态，2012—2014 年又表现出快速增长态势，2014 年以后增幅明显减弱，表现为缓慢提升态势，表明我国体育用品制造业转型升级效果总体呈现波动性上升趋势。简言之，2011—2016 年，我国体育用品制造业转型升级效果整体较好，但是两大公共因子优化升级的效果差距甚远。

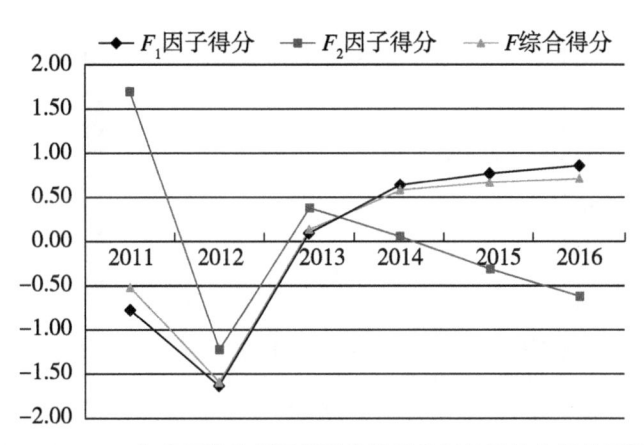

图 5-1　2011—2016 年我国体育用品制造业转型升级效果综合得分及演变趋势

近些年来，国内体育用品制造业通过不断转型升级取得良好效果，以下 3 个方面的原因是不可忽视的。

第一，相关利好政策频出。2014 年 10 月 20 日，国务院发布了《关于加快发展体育产业促进体育消费的若干意见》，将全民健身上升为国家战略。2016 年 6 月 15 日，国务院印发《全民健身计划（2016—2020 年）》，提出到 2020 年，群众体育健身意识普遍增强，参加体育锻炼的人数显著增加，每周参加 1 次及以上体育锻炼的人数达到 7 亿，经常参加体育锻炼的人数达到 4.35 亿。2016 年 7 月 13 日，国家体育总局发布《体育产业发展"十三五"规划》，提出以体育产业供给侧结构性改革为主线，以优化体育产业结构为重点，推动我国体育产业全面、健康、持续发展。这些体育产业政策的密集出台，对我国体育用品制造业市场起着巨大的支撑作用，为深入推进转型升级提供了保障，并将成为促进体育产业发展、拉动内需、带动就业和形成新的经济增长点的动力源。

第二，全民健身浪潮的掀起。全民健身计划已经推行 20 余年，随着人们对健康重视程度的逐步提高，越来越多的国人已经投入健身浪潮中。近年来，我国马拉松赛事持续火热,民众对跑步健身的热情越来越高。由图 5-2 可知,马拉松赛事的举办数量和参加人数从 2011 年的 22 场、40 万人迅速增至 2016 年的 328 场、280 万人,年均复合增长率各为 71.67%、47.58%。这为国内体育用品制造业发展提供了更大的市场空间,也为全面实现转型升级带来机遇。

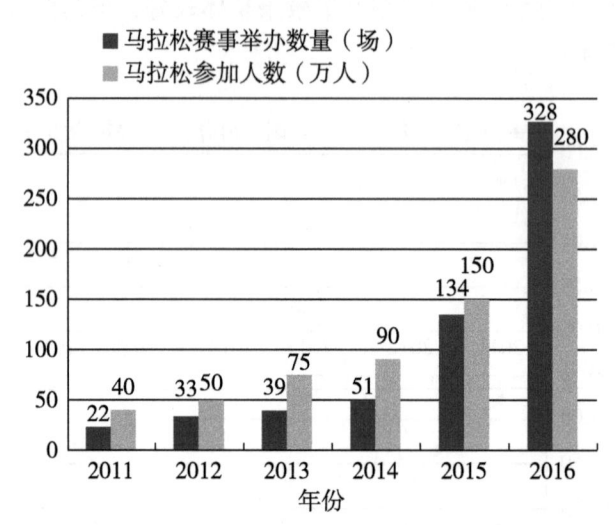

图 5-2　2011—2016 年我国马拉松赛事举办数量与参加人数的演变趋势①

第三,"互联网+"技术的助力。自 2015 年 3 月"互联网+"战略被提出以来,"互联网+体育"开始迅速发酵。相较于传统线下渠道模式,"互联网+体育用品"发展模式更具有市场竞争优势,能够降低交易成本、简化交易程序、节约时间成本、减少中间环节、扩大产品供给、丰富经营主体、优化产品结构等,"互联网+体育用品"发展模式能明显提高企业运营效率。以国内三大体育用品制造厂商为例,2016 年上半年,安踏、李宁、特步电商业务收入同比增长依次约为 50%、88%、100%,且占总收入比重分别为 10%、14%、15%。因此,"互联网+"不仅能为我国体育用品制造行业快速发展助力,还能为深入实现转型升级提供更大平台②。

自 2013 年开始,我国体育用品制造业转型升级规模结构优化因子(F_2)得分持续下滑,主要包括以下两个方面的原因。

---

①数据资料经前瞻产业研究院整理获得。
②熊志强. 2016 年体育用品行业发展现状一览[EB/OL]. (2017-05-10) [2019-10-22]. https://www.qianzhan.com/analyst/detail/220/170510-05c94007.html.

第五章 我国体育用品制造业转型升级的效果水平

第一，国际市场需求缩减。受全球宏观经济环境的影响，国际体育用品市场遭受强烈冲击，这对国内体育用品制造行业出口带来较大阻碍。由图 5-3 可知，我国体育用品制造行业出口额同比增长已经从 2011 年的 14.82% 跌至 2016 年的 -17.28%，缩水 32.10%，我国体育用品制造业出口额呈现大幅缩减状况。随着我国传统生产技术的更新换代，体育用品制造业生产能力已大大提高，但是国内消费市场未相应扩大，如果行业对外出口受阻，必将导致体育用品制造行业产能过剩，严重阻碍体育用品制造业产业结构的优化升级，并对其区域协调和境外发展的转型升级带来负面影响。

图 5-3 2011—2016 年我国体育用品制造行业进出口额同比增长趋势

第二，行业进口规模持续走低。由图 5-3 可知，2011—2016 年，我国体育用品制造行业进口额同比增长表现出波动性下滑趋势，尤其是 2013 年以来，降低幅度非常明显，同比增长值已从 2013 年的 45.00% 迅速降至 2016 年的 -28.00%，体育用品制造行业进口规模大幅下滑。虽然我国已经是体育用品制造"大国"，但要实现向"强国"的转变还需要一个奋进过程。与欧美体育产业强国相比，国内体育用品制造行业在一些核心生产技术、专业设备等必要生产要素方面仍存在"瓶颈"性缺失问题，如果该行业进口规模锐减，将不利于从发达国家（地区）获取先进技术、设备等短缺要素，还可能会带来因自主创新所引发的高成本和高风险，这将难以推动国内体育用品制造行业产业结构的高级化进程，也使我国体育用品制造业的商品结构软化升级过程面临更大挑战。

（三）体育用品制造业各分类转型升级指标的效果评价

为了进一步分析我国体育用品制造业各分类转型升级指标的效果，现采用旋转后的因子载荷矩阵中各公共因子在不同指标变量上的载荷值（表5-3）作为权重系数，推算出各分类转型升级指标的综合得分，并根据综合得分对各年份依次进行排名，再计算得出各分类转型升级指标的综合得分排名（表5-4），具体测算方法如下：

各分类转型升级指标的综合得分＝公因子（F_1）在该指标上的载荷×公因子（F_1）得分＋公因子（F_2）在该指标上的载荷×公因子（F_2）得分　　　　（5.2）

表5-4　2011—2016年我国体育用品制造业各分类转型升级指标的综合得分排名

指标变量	2011年	2012年	2013年	2014年	2015年	2016年	近6年平均
产品供给转型升级	3	4	1	4	4	4	1
产业价值链转型升级	7	5	7	2	2	1	5
经营主体转型升级	6	7	5	1	1	2	2
产品结构转型升级	2	3	3	5	5	5	4
区域发展转型升级	1	2	2	6	6	6	3
节能减排转型升级	4	1	4	7	7	7	7
境外发展转型升级	5	6	6	3	3	3	6

注：若综合得分数值相同，则取并列排名；各分类转型升级指标中均包括2个具体变量，取平均得分进行排名。

由表5-4可知，2014年以前，我国体育用品制造业的产品供给转型升级、产品结构转型升级和区域发展转型升级的效果较好，但是产业价值链转型升级、经营主体转型升级与境外发展转型升级的效果较差。2014年中国首次提出"经济新常态"发展理念以后，我国体育用品制造业的产业价值链转型升级、经营主体转型升级及境外发展转型升级的效果比较显著，而其余4个方面的转型升级效果则进展缓慢。

中国经济进入新常态，为我国体育用品制造业的全面转型升级提供了强劲动力。一方面，目前国内体育用品制造企业已逐步认识到仅靠廉价劳动力和外延式扩张将难以继续获得丰厚利润，而且可能导致企业被淘汰，因此，一些企业已开始寻求新技术、新设备和新方法等,力争实现产品更新与管理提效,使我国体育用品制造业的产业价值链进一步延长和增值。另一方面,为了应对全球互联网的强烈冲击,德国提出了工业4.0的概念,其核心是借助互联网改造传统产业,让传统产业实现灵活生产、零库存及互联网营销等。受此影响,目前,我国体育用品制造业已经开始尝试运用互联网的诸多优势,将产品研发、设计、生产、销售、流通、经营、库存等环节与互联网融合,逐步实现"云端体育用品制造",使我国体育用品制造行业在价值链延伸、经营主体多元化、境外扩张等方面的转型升级效果具有更大提升空间[1]。

第四节 小 结

本章以2016年国家工业和信息化部颁布的《关于促进文教体育用品行业升级发展的指导意见》为依据,结合国内体育用品制造业发展现实,构建了我国体育用品制造业转型升级效果评价指标体系,并运用多元数理统计分析方法,对2011—2016年我国体育用品制造业转型升级效果进行了定量测评,实证检验了我国实施转型升级战略前后我国体育用品制造业转型升级效果的演变情况,结果如下。

(1)从我国体育用品制造业转型升级效果的综合得分来看,2011—2012年呈快速降低状态,2012—2014年则又表现出快速增长态势,2014年以后增幅明显减弱,表现为缓慢提升态势,表明我国体育用品制造业转型升级效果总体呈现出波动性上升趋势。在2011—2016年,我国体育用品制造业转型升级效果的历史演变过程中,2012年和2013年是两个较为显著的时间拐点,体育用品制造业转型升级的两大公因子得分呈现交替领先的态势。由此,说明2011—2016年我国体育用品制造业转型升级效果整体较好,但是国内体育用品制造业的综合效益和规模结构两大公共因子的优化升级效果相差非常大,彼此之间仍处于非均衡协调发展状态。

(2)2014年以前我国体育用品制造业的产品供给转型升级、产品结构转型升级和区域发展转型升级的效果较好,但是产业价值链转型升级、经营主体转型升级与境外发展转型升级的效果较差。2014年中国首次提出"经济新常态"发展理念以后,我国体育用品制造业的产业价值链转型升级、经营主体转型升级和境外发展转型升级的效果比较显著,而其余4个方面转型升级效果则进展缓慢。

---

[1] 姚洋.经济新常态:为传统产业转型升级提供强劲动力[EB/OL].(2015-03-24)[2019-10-22].
http://epaper.gmw.cn/gmrb/html/2015-03/24/nw.D110000gmrb_20150324_2-08.htm.

第六章

服务业发展对我国体育用品制造业转型升级的影响

近年来，随着经济全球化的不断提速，网络信息技术的迅猛发展，世界产业经济结构呈现出由"工业型经济"向"服务型经济"转型的总体趋势，显著表现为服务业发展已经成为全球经济增长的主要动力，同时也是世界经济现代化发展的重要标志。目前伴随我国经济发展进入新常态，我国正处于产业结构调整与经济发展方式转变的关键时期，经济增长的动力格局发生了巨大变化。服务业作为我国国民经济的重要组成部分，其经济拉动作用及对社会就业、城镇化等方面的辐射效应日渐增强[1]。自改革开放以来，我国服务业年均增速超过10%，高于国内生产总值（GDP）的增速。调研数据显示，1998—2014年我国服务业年平均增长速度为10.2%，超出整体经济增长速度9.5%，2014年服务业增加值307000亿元，同比增长8.1%，高出GDP增速0.7个百分点，吸纳就业百分比40.6%，大于第二产业的29.9%和第一产业的29.5%。截至2015年，国内服务业继续保持较快发展，增加值341567亿元，同比上涨了8.30%，分别高于GDP和第二产业增加值增速1.4和2.3个百分点，吸纳就业比重42.4%，高出第二产业13.2个百分点[2]。由此，表明服务业正成为我国经济发展的重要推动力量。

如前文所述，2014年，中国体育产业总产值约为3500亿元，超过50%依赖体育用品业。其中，体育用品业出口总额首次突破200亿美元大关，达到200.85亿美元，占全世界总量的60%左右。然而，我国体育用品制造业多年来的快发展

---

[1] 徐志华，杨强，申玉铭. 区域中心城市服务业发展综合评价及其影响因素 [J]. 地域研究与开发，2016，35（3）：40-45.
[2] 程海森，董明月. 中国服务业发展影响测度——基于省际城镇化差异 [J]. 调研世界，2016（2）：41-45.

与高增长都是以高消耗、高投入为代价的，现代化水平较低，缺乏国际竞争力和抗风险能力。随着环境和资源不堪重负、产能过剩与竞争过度等问题的集中爆发，政府及其社会各界已充分认识到国内体育用品制造业的发展必须摒弃传统的发展模式，加快转变经济增长方式，推动产业结构优化升级，寻求新的发力点，从劳动密集型到低端加工再到中、高端输出，以体育用品制造业的产业升级来推动中国体育产业及其社会整体经济的持续稳定发展[①]。

鉴于上述背景，目前服务业发展对我国体育用品制造业转型升级产生了怎么样的影响？服务业发展能否促进我国体育用品制造业转型升级？体育用品制造业转型升级是否也能带动服务业的发展？二者之间的作用机制在我国东部、中部和西部地区是否存在显著性差异？

第一节 相关研究动态及评述

一、国外研究动态

近些年以来，国外学者已经从不同视角对体育用品制造业升级进行了研究。Hanna 和 subic 分析认为，许多体育产品的生产需要消耗较高能源，并且利用发展中国家低廉的劳动力成本，很少考虑可回收性、可重塑性或者可持续性，提出了该行业必须接受工程技术的转型升级，以适应 21 世纪更加环保与可持续性发展的新趋势[②]。Khara 和 Dogra 对印度北部某一地区的体育用品出口商进行了访谈和调研，结果显示出口商面临的约束分为可用性资本、融资成本、出口市场、产品创造力、技术升级能力、原材料、劳动力成本等，这为政策制定者及其出口管理者提供了参考依据[③]。Nadvi 研究发现，在 2004—2019 年，全球足球制造业面临的主要问题是劳工标准的遵从性，以及是否具备独特的产品工艺升级模式，运用全球价值链、技术能力和学习的分析框架，研究得出在全球足球行业中，由于

---

①贾妮莎，申晨．中国对外直接投资的制造业产业升级效应研究［J］．国际贸易问题，2016（8）：143-153．
②HANNA K, SUBIC A. Towards sustainable design in the sports and leisure industry［J］．International journal of sustainable design, 2008, 1（1）：60-74．
③KHARA N, DOGRA B. Examination of export constraints affecting the export performance of the Indian sports goods industry［J］．European journal of international management，2009, 3（3）：282-392．

技术升级与劳工标准的遵从性所带来的挑战，对当地生产商造成了一定影响[1]。Ratten 通过在 UN Comtrade 数据库（United Nations International Trade Statistics Database）的大多数分类级别（6 位数）数据，构建了一个全新的数据集合，包括 41 个国家、36 个不同体育用品，94%～96% 的全球体育用品贸易（1994—2004），分为北美自由贸易区、欧盟和瑞士、东欧、亚洲及其他新兴国家五大区域，这为新兴国家和发达市场经济主体去工业化、国际产业升级、跨国产品转移等提供了较好的参考[2]；Nadvi 等探讨了中国崛起与国际劳工标准之间的相关关系，并且分析了劳工标准是如何影响全球足球生产的地理位置和组织的[3]。以中国、巴基斯坦与印度为实证对象，研究发现，遵守劳工标准对 3 个国际足球生产地点造成了不同程度的影响。

二、国内研究动态

近年来，国内学者也从不同层面对我国体育用品制造业升级展开了广泛研究。杨明和李留东研究认为，我国体育用品制造业在全球价值链中存在企业数量多、规模小、产品缺乏国际竞争力，知名品牌较少，产品不符合国际标准体系，简单外嵌等问题，并探讨了全球价值链中我国体育用品制造业的升级路径[4]。周云涛等采用文献资料法、问卷调查法等方法对我国体育用品产业的发展进行了研究，分析了国内体育用品加工贸易产业的现状与地位，并且运用全球价值链理论，提出了我国体育用品企业的升级路径[5]。夏碧莹针对我国体育用品制造业产品科技含量低、生产成本攀升、恶性竞争严重、专业技术人才缺乏等问题，提出确立国际化发展目标，实施品牌发展战略，坚持科技主导趋势，推动产业集群发

---

[1] NADVI K. Labour standards and technological upgrading: Competitive challenges in the global football industry [J]. International journal of technological learning, innovation and development, 2011, 4 (1-3): 235-257.
[2] RATTEN V. Social entrepreneurship and innovation in sports [J]. International journal of social entrepreneurship and innovation, 2011, 1 (1): 42-54.
[3] NADVI K, LUNDTHOMSEN P, XUE H. Playing against China: Global value chains and labour standards in the international sports goods industry [J]. Global networks, 2011, 11 (3): 334-354.
[4] 杨明, 李留东. 基于全球价值链的我国体育用品产业升级路径及对策研究 [J]. 中国体育科技, 2008, 44 (3): 41-46.
[5] 周云涛, 储建新, 白震. 全球价值链视角下我国体育用品产业升级的调研分析 [J]. 武汉体育学院学报, 2010, 44 (7): 55-57.

展模式，构建多元化保障体系等，从而逐步实现我国体育用品制造业的转型升级[①]。向绍信分析认为，全球价值链对我国体育用品产业发展兼具正、负面影响效应，其在带来工艺流程及其产品制造快速升级的同时，又使体育用品业被低端锁定，陷入升级困境，借鉴国内区域价值链、全球价值链等理论，构建了我国体育用品产业的升级路径模型[②]。谢军等基于 GVC 与 NVC 的视角，探讨了我国体育用品企业进行功能升级的必要性，提出构建我国价值链的前提条件，并且以安踏公司升级的案例分析了国内价值链延伸的方式和途径[③]。张强等运用文献资料法、比较分析法及逻辑推理法等方法，探讨了国内体育用品产业集群在全球价值链下进行功能升级时所遭遇到的价值链主导者阻击与限制问题，我国企业可以依托本土的市场、资源、文化背景等优势，形成强大的网络体系（NVC），占据产业价值链的高端，培育知名体育品牌，稳步实现产品的功能升级[④]。

通过上述国内外研究动态不难发现：国外已从国家综合实力、国际劳工标准、技术创新、融资环境、原材料及劳动力成本等方面出发，探究了其对体育用品制造业转型升级的影响。国内关于体育用品制造业转型升级的研究主要包括3个方面：第一，从全球价值链升值视角分析了我国体育用品制造业的转型升级；第二，从行业（企业）层面研究了我国体育用品制造业转型升级的路径依赖与选择；第三，基于其他理论基础（实现背景）探讨了我国体育用品制造业转型升级的路径。然而，以往国内外研究大多数考察的是某一（些）影响因素与体育用品制造业转型升级之间的单向关系，对彼此之间互动的双向关系也仅限于理论分析，缺少对我国服务业发展与体育用品制造业转型升级互动关系的实证研究。

因此，本章采用 2008—2015 年的省际面板数据，运用 Johansen 面板协整关系检验、格兰杰（Granger）因果关系检验与面板数据误差修正模型等，研究我国东部、中部和西部三大经济区服务业发展与体育用品制造业转型升级之间的相互影响效应，从而为各区域政府职能部门制定体育产业发展战略提供实证参考依据。

[①] 夏碧莹. 加快我国体育用品制造业转型升级的问题和对策 [J]. 北京体育大学学报, 2011, 34（7）: 37–40.
[②] 向绍信. 我国体育用品产业升级路径研究 [J]. 天津体育学院学报, 2014, 29（5）: 415–420.
[③] 谢军, 张博, 白震. 从 GVC 到 NVC: 我国体育用品产业升级路径的研究 [J]. 体育学刊, 2015, 22（1）: 28–32.
[④] 张强, 阴腾龙, 贾丽. 体育用品国家价值链的构建及产业升级 [J]. 武汉体育学院学报, 2016, 50（2）: 47–51.

第二节 研究方法、指标选取、数据来源与样本分析

一、研究方法

（一）单位根检验

单位根检验对于检查时间序列的平稳性非常重要，平稳性是一个在某些重要领域都需要考虑的问题。第一，单一时间序列的 ARIMA 模型（Autoregressive Integrated Moving Average model，自回归移动平均模型）分析中的一个重要问题就是，在使用 ARMA 模型拟合之前需要确认时间序列进行一阶差分的次数是多少，每个单位根均要求一次一阶差分操作；第二，在协整关系分析中，一个重要的问题是协整向量中的扰动项是否存在单位根；第三，在多元回归模型的标准推导过程中，假定了平稳回归因子，非平稳回归因子使许多标准结果不再适用，并且需要进行特别处理。对于时间序列的非平稳性或者单位根的存在性进行检验的理论是非常复杂的，因此，在这里仅仅介绍了单位根检验的基本方法①。ADF 检验（Augmented Dickey-Fuller Test，增广迪基-富勒检验）方法包含一个回归方程，左边是序列的一阶差分项，右边是序列的一阶滞后项、滞后差分项，某些时候还有常数项与时间趋势项，包括两个滞后差分项的回归模型表达式为

$$\Delta y_t = \beta_1 y_{t-1} + \beta_2 \Delta y_{t-1} + \beta_3 \Delta y_{t-2} + \beta_4 + \beta_5 t + \varepsilon_t \tag{6.1}$$

在进行 ADF 检验过程中有 3 个选择：第一是回归模型中是否包含常数项，第二是回归模型中是否包括一个线性时间趋势，第三是回归模型中应该包含多少个滞后差分项。每种情况下，单位根检验都是对回归表达式中 y_{t-1} 的系数进行验证，ADF 检验方法的输出结果包括：检验滞后变量系数的 ADF 统计量和检验所需要的临界值。如果系数显著不为零，实际为小于零，那么 y_t 存在单位根的原假设将被拒绝，从而接受备择假设平稳。如果 ADF 统计量是负值，且绝对值很大，则拒绝存在单位根的原假设，说明序列是平稳的。因为在具有单位根的零假设条件下，输出的 ADF 统计量不一定服从标准的 t 分布，所以必须参考在检验结果中给出的临界值，而且所报告的临界值是根据观测值个数及估计模型表达式中

---

① 张晓峒. EViews 使用指南与案例 [M]. 北京：机械工业出版社，2007：204-293.

的选择项而决定的①。

(二) 协整关系检验

许多社会经济问题可能是非平稳的,这给经典的回归模型分析方法增设了不少障碍。在实际应用过程中,因为大多数时间序列属于非平稳状态,通常需要采用差分方法消除时间序列中的非平稳趋势,以便在时间序列平稳化后构建回归模型。然而,变换之后的时间序列限制了所要讨论的经济问题的范畴,且在某些情况下,由于变换之后的时间序列不具有直接的经济意义,使转化为平稳序列之后所建构的回归模型不便于分析和解释。

1987年,恩格尔(Engle)和格兰杰所提出的协整关系理论及方法,为非平稳时间序列的建模提供了另一种渠道。虽然一些指标变量自身属于非平稳序列,但是它们的线性组合却有可能是平稳序列,这种平稳的线性组合被称为协整方程,即可解释为指标变量之间存在长期稳定的均衡关系。例如,居民的体育消费水平与可支配收入均为非平稳时间序列,但是它们之间具备协整关系。如果它们不存在协整关系,那么居民的长期体育消费就可能比收入水平高或低,导致消费者出现非理性消费或累积储蓄。

若部分指标变量被某些社会经济系统纳入一个体系,从长时期来看,这些指标变量之间应该具备均衡关系,其也是构建回归模型的基本出发点。就短时期而言,因为季节因素影响或随机要素干扰,某些指标变量可能偏离均衡值。如果偏离状态是暂时的,那么随着时间的推移这些指标变量将会回到均衡状态;倘若此偏离状态为持久的,则不能说这些指标变量之间存在均衡关系。

协整关系存在的前提条件是,只有当两个指标变量的时间序列 $\{X\}$ 和 $\{Y\}$ 属于同阶单整序列时,即 $I(d)$,才可能存在协整关系。现假设所考虑的时间序列具有相同的单整阶数,且某种线性组合(协整向量)使这些时间序列的单整阶数降低,则能够称时间序列之间存在显著的协整关系,即 k 维向量 $Y_t = (y_{1t}, y_{2t}, y_{3t}, \cdots, y_{kt})$ 的分量之间具有 (d, b) 阶协整关系,记作 $Y_t \sim CI(d, b)$,如果满足:① $y_{1t}, y_{2t}, y_{3t}, \cdots, y_{kt}$ 均是 d 阶单整,即 $Y_t \sim I(d)$,要求 Y_t 的每个分量 $Y_{it} \sim I(d)$;②存在非零向量 $\boldsymbol{\beta} = (\beta_1, \beta_2, \beta_3, \cdots, \beta_k)$,使 $\boldsymbol{\beta}、Y_t \sim I(d, b)$,且有 $d \geq b > 0$,就可以简称 Y_t 是协整的,向量 $\boldsymbol{\beta}$ 又被称为协整向量。

---

①张晓峒. 计量经济学基础 [M]. 天津:南开大学出版社,2005:330-354.

(三) 格兰杰因果关系检验

格兰杰因果关系检验是由诺贝尔经济学奖获得者克莱夫·格兰杰于 2003 年开创的，主要目的是用于分析经济指标变量之间的格兰杰因果关系。在指标变量属于时间序列的情况下，两个经济指标变量 X、Y 之间的格兰杰因果关系可以定义为：如果在包含指标变量 X、Y 过去信息的条件下，其对指标变量 Y 的预测效果，要优于仅单独依靠 Y 的过去信息对 Y 进行预测的效果，即指标变量 X 有助于解释指标变量 Y 的未来走势，故可认为变量 X 是引致变量 Y 的格兰杰原因。进行格兰杰因果关系检验的一个前提条件是时间序列必须具备平稳性，否则可能会造成虚假回归问题。现假设 y 与 x 每个指标变量的预测信息全部包含于这些指标变量的时间序列中，检验要求估计式 (6.2) 和式 (6.3) 的多元回归模型，其中白噪声序列 u_{1t}、u_{2t} 假设为不相关。就回归模型式 (6.2) 而言，零假设 H_0：$\alpha_1 = \alpha_2 = \alpha_3 = \cdots = \alpha_q = 0$。对回归模型式 (6.3) 而言，零假设 H_0：$\delta_1 = \delta_2 = \delta_3 = \cdots = \delta_s = 0$。

$$y_t = \sum_{i=1}^{q} \alpha_i X_{t-i} + \sum_{j=1}^{q} \beta_j y_{t-j} + u_{1t} \tag{6.2}$$

$$x_t = \sum_{i=1}^{s} \lambda_i X_{t-i} + \sum_{j=1}^{s} \delta_j y_{t-j} + u_{2t} \tag{6.3}$$

根据多元回归模型式 (6.2) 与式 (6.3) 的估计结果，可以分为以下 4 种情况进行讨论：①x 是引起 y 变化的原因，即存在由 x 到 y 的单向因果关系；②y 是引起 x 变化的原因，即存在由 y 到 x 的单向因果关系；③x 和 y 互为因果关系，即存在由 x 到 y 的单向因果关系，同时也存在由 y 到 x 的单向因果关系；④x 与 y 是彼此独立的，即二者之间不存在因果关联。格兰杰因果关系检验的基本步骤如下。

第一步，将 y 对 y 的滞后项（y_{t-1}，y_{t-2}，y_{t-3}，$\cdots$，y_{t-q}）及其他指标变量进行多元回归分析，但这一回归分析中没有把滞后项 x 纳入考虑范畴，其为一个受约束的回归模型，并从该回归分析中得到受约束的残差平方和 (RSSR)。

第二步，进行一个包含滞后项 x 的回归分析，即在第一步的回归模型表达式中加入滞后项 x，其为一个无约束的回归模型，由此，回归分析可以得出无约束的残差平方和 (RSSUR)。

第三步，原假设 H_0：$\alpha_1 = \alpha_2 = \alpha_3 = \cdots = \alpha_q = 0$，即滞后项 x 不属于该回归模型。为了验证原假设，采用 F 检验方法，它遵循自由度为 q 和 ($n-k$) 的 F 分布，其

中 n 为样本含量，q 为滞后项 x 的个数，k 为无约束回归分析中待估计参数的个数。

第四步，如果在选定的显著性水平 a 上，所运算出来的 F 值超过临界值 F_a，就拒绝原假设，表明滞后项 x 属于该回归模型，即 x 是 y 的格兰杰原因。同理，为了检验 y 是否为 x 的格兰杰原因，可把指标变量 y 与 x 相互替换，重复第一步至四步即可。

格兰杰因果关系检验对于滞后期长度的选择比较敏感，不同滞后期可能会得出完全不同的检验结果，其原因可能是被检验指标变量的平稳性问题，或者样本含量的问题。因此，在通常情况下，进行不同滞后期长度的检验时，以验证模型中的随机干扰项不存在序列相关为原则选取滞后期。

(四) 向量自回归模型

向量自回归模型（Vector Autoregression Model，VAR）是一种比较常用的计量经济学模型，是由克里斯托弗·西姆斯于 1980 年提出。向量自回归模型采用模型中所有当期变量对这些变量的若干滞后变量进行回归建模，VAR 模型用来估计联合内生变量之间的动态关系，不带有任何事先约束条件，它是 AR 模型（Autoregressive Model，AR）的推广应用。向量自回归（VAR）基于相关数据的统计性质而构建模型，VAR 模型把系统中每个内生变量作为系统中所有内生变量的滞后值的函数来建构模型，从而将单一变量自回归模型推广至由多元时间序列变量组成的向量自回归模型。VAR 模型是处理多个相关经济指标变量的分析和预测相对较容易操作的模型之一，并且在一定的条件下，多元滑动平均模型（Moving Average，MA）与自回归滑动平均模型（Auto-Regressive and Moving Average，ARMA）也可转化为 VAR 模型。因此，近年来，VAR 模型也越来越受到国内外学术界的重视。

向量自回归模型是指系统内每个方程都有相同的等号右侧变量，而这些右侧变量包括所有内生变量的滞后值。当每个变量都对预测其余变量起作用时，这组变量适合用 VAR 模型进行表述，VAR 模型的表达式为

$$y_t = A_1 y_{t-1} + A_2 y_{t-2} + \cdots + A_N y_{t-N} + Bx_t + \varepsilon_t \qquad (6.4)$$

式中，y_t 为内生变量列向量；x_t 为外生变量向量；A_1，A_2，$\cdots$，A_N，B 依次为待估计的系数矩阵；ε_t 为误差向量。误差向量内的误差变量之间允许相互关联，但是这些误差变量之间不存在自相关性，与 y_{t-1}，y_{t-2}，$\cdots$，y_{t-N}，x_t 不存在相关

性。在 VAR 模型内，每个方程模型的最佳估计为普通最小二乘估计。注意随机误差序列不允许相关的假设，其在这里不需要特别限定，因为任何误差序列相关均可通过加入 y_t 充分多的滞后项予以克服。VARM 对于彼此联系的时间序列指标变量系统是有效的预测模型，同时它也被频繁地用于分析不同类型的随机误差项对系统变量的动态影响。

现举一个 VAR 模型的例子，假设居民人均可支配收入（SR）与居民人均体育消费水平（TYXF）由一个含有双变量的向量自回归模型决定，且设定 $y_{1,t}$ = SR，$y_{2,t}$ = TYXF，模型中唯一的外生变量为时间趋势 t，引入内生变量的 2 个滞后项，则 VAR 模型表达式为

$$y_{1,t} = A_{1,1,1}y_{1,t-1} + A_{1,1,2}y_{2,t-1} + A_{2,1,1}y_{1,t-2} + A_{2,1,2}y_{2,t-2} + B_1 t + \varepsilon_{1,t} \tag{6.5}$$

$$y_{2,t} = A_{1,2,1}y_{1,t-1} + A_{1,2,2}y_{2,t-1} + A_{2,1,1}y_{1,t-2} + A_{2,2,2}y_{2,t-2} + B_2 t + \varepsilon_{2,t} \tag{6.6}$$

（五）向量误差修正模型

根据协整关系检验与格兰杰因果关系检验的相关原理介绍，如果若干个非平稳变量之间存在协整关系，则这些变量之间必有向量误差修正模型（Vector Error Correction Model，VECM）表达式的存在。VECM 最初由萨甘提出，后来经过亨德里·安德森和戴维森等进一步补充与完善。向量误差修正模型包括单一方程模型和多方程误差修正模型两种形式，多方程误差修正模型是在向量自回归模型的基础上构建起来的，其由非均衡误差、原变量的差分变量及随机误差项组成。以下以单一方程的向量误差修正模型为例，展开相关理论知识介绍。

现假设 y_t，$x_t \sim I(1)$，并且存在协整关系，则有向量误差修正模型表达式：

$$Dy_t = \beta_0 Dx_t + \beta_1 ECM_{t-1} + u_t \tag{6.7}$$

式中，$ECM_t = y_t - k_0 - k_1 x_t$，为非均衡误差项；$y_t = k_0 + k_1 x_t$，为 y_t 与 x_t 的长期关系；$\beta_1 ECM_{t-1}$ 为误差修正项；β_1 为修正系数，反映了误差修正项对 Dy_t 的修正速度，依据向量误差修正模型的推导原理，β_1 的数值应该为负，即误差修正机制属于一个负向反馈过程；k_0、k_1 分别为长期参数；β_0、β_1 依次为短期参数。

向量误差修正模型的优势包括：①若 y_t 和 x_t 之间存在协整关系，则 ECM_t 具有平稳性。因为 y_t，$x_t \sim I(1)$，所以 Dy_t，$Dx_t \sim I(0)$。模型参数的估计量具有优良的渐近性特征，故采用最小二乘法估计向量误差修正模型不存在虚假回归的

问题。②在向量误差修正模型中,既有描述变量之间长期关系的参数,又有描述变量之间短期关系的参数;既能研究经济问题的静态(长期)特征,又能研究动态(短期)特征。

运用向量误差修正模型时应该注意以下几点问题:①在建构模型的过程中,允许根据 T 检验与 F 检验结果,剔除向量误差修正模型中的差分变量,但在非均衡误差项中不要剔除任何变量,否则会影响长期关系的表达;②当 k_0、k_1 未知时,方程模型不能直接被估计;③u_t 应该属于非自相关的,若 u_t 存在自相关,可以在模型中加入 Dy_t 和 Dx_t 的足够多滞后项,进而消除 u_t 的自相关性。

估计向量误差修正模型参数的方法主要有两种:其一,先估计变量之间的长期关系,然后把估计的非均衡误差作为误差修正项加入误差修正模型,同时估计该模型。其二,如果指标变量属于平稳序列或者非平稳序列,但是存在协整关系,就可以将误差修正项的括号打开,对此模型直接进行 OLS(Ordinary Least Squares,普通最小二乘方)估计。

二、指标选取与数据来源

关于我国体育用品制造业转型升级与服务业发展的测度指标选取,重点参考和借鉴王治、杜宇玮、简晓彬、韩同银、赵明霏、魏艳秋、胡翠等学者在选择测度指标方面的具体操作方法①②③④⑤⑥⑦。同时,考虑到数据指标的可获得性问题,本章选取增值税额来反映我国体育用品制造业转型升级水平;采用第三产业增加值来测度中国服务业发展状况。根据前期相关研究显示,这两个指标均反映了产业(行业)发展状况及增值情况,具有一定可比性。所有数据指标均来自国务

---

①王治,王耀中.中国服务业发展与制造业升级关系研究—基于东、中、西部面板数据的经验证据[J].华东经济管理,2010,24(11):65-69.

②杜宇玮,刘东皇.中国生产性服务业发展对制造业升级的促进:基于 DEA 方法的效率评价[J].科技管理研究,2016,36(14):145-151.

③简晓彬,陈伟博.生产性服务业发展与制造业价值链攀升—以江苏为例[J].华东经济管理,2016,30(7):29-34.

④韩同银,李宁.河北省生产性服务业集聚对制造业升级的影响—基于京津冀协同发展视角[J].河北经贸大学学报,2017,38(5):83-88.

⑤赵明霏.知识密集型服务业发展对制造业效率影响实证分析[J].科学管理研究,2017,35(5):84-86.

⑥魏艳秋,和淑萍,高寿华."互联网+"信息技术服务业促进制造业升级效率研究—基于 DEA-BCC 模型的实证分析[J].科技管理研究,2018,38(17):195-202.

⑦胡翠,李瑞琴.服务业发展对中国制造业出口国内增加值的影响研究[J].经济经纬,2018,35(6):51-57.

院发展研究中心信息网（http://www.drcnet.com.cn/www/integrated/）、EPS数据平台（http://www.epsnet.com.cn/）、国家统计局官网（http://www.stats.gov.cn/）和各省、自治区、直辖市统计局网站。为了消除可能存在的异方差问题，在实证检验之前对样本数据进行自然对数处理，部分指标原始数据如附件4所示。

依据中国区域经济发展理论及《中国统计年鉴》的划分方法，本章将我国分为东、中、西部三大经济区分别进行考察。其中，东部经济区包括北京、天津、河北、辽宁、上海、江苏、浙江、福建、山东、广东和海南11个省、直辖市，中部经济区包括山西、吉林、黑龙江、安徽、江西、河南、湖南与湖北8个省，西部经济区包括广西、内蒙古、四川、重庆、贵州、云南、西藏、陕西、甘肃、宁夏、青海及新疆12个省、自治区、直辖市。

三、样本分析

由表6-1可知，就平均总量而言，我国体育用品制造业增值税额与服务业增加值之间还存在非常大的差距。无论是体育用品制造业平均增值税额，还是服务业平均增加值，我国东部地区都明显高于中部和西部地区。但是，三大经济区的体育用品制造业平均增长率均高于服务业平均增长率，其中西部地区体育用品制造业平均增长率最高，其次为中部与东部地区，而东部地区服务业平均增长率则最高，其次是西部和中部地区。

表6-1　2008—2015年中国三大经济区域体育用品制造业与服务业平均发展水平比较

地区	体育用品制造业		服务业	
	平均增值税额（亿元）	平均增长率（%）	平均增加值（亿元）	平均增长率（%）
东部地区	746.96	21.72	6083.30	17.83
中部地区	364.66	24.52	2984.66	16.40
西部地区	177.37	25.28	1543.90	17.20

除北京、上海、浙江和云南外，其余27个省、自治区、直辖市体育用品制造业平均增长率都高于服务业平均增长率，其中体育用品制造业平均增长率最高的是内蒙古（36.01%），最低的为上海（11.64%），服务业平均增长率最高的也是内蒙古（22.92%），最低的为新疆（12.96%）（图6-1）。由图6-2可知，在

样本期内，我国东部、中部和西部地区绝大多数年份的体育用品制造业平均增长率要高于服务业平均增长率，而且这三大经济区体育用品制造业平均增长率与服务业平均增长率保持着较为相似的演变轨迹和发展趋势。

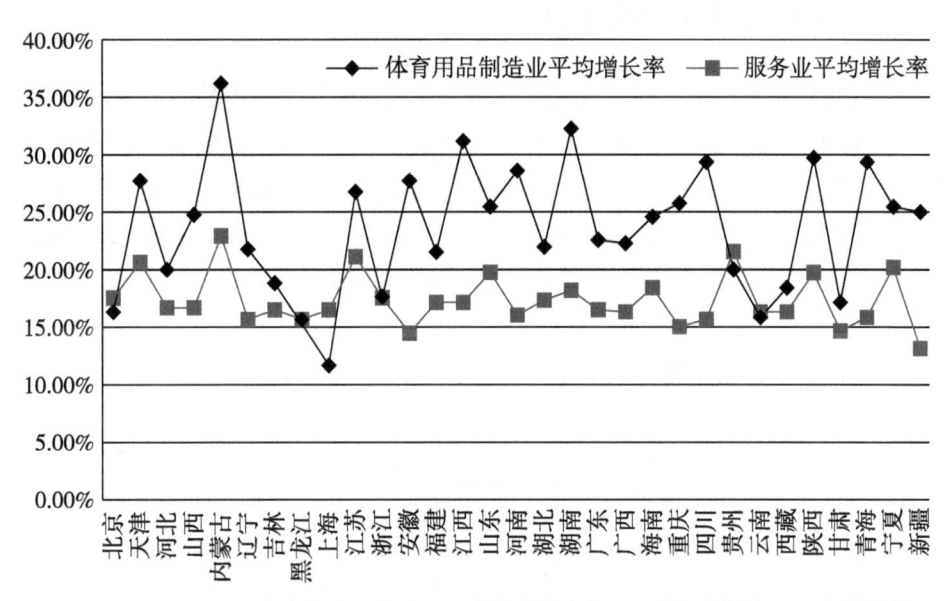

图 6-1　2008—2015 年各省市、自治区、直辖市体育用品制造业与服务业平均增长率

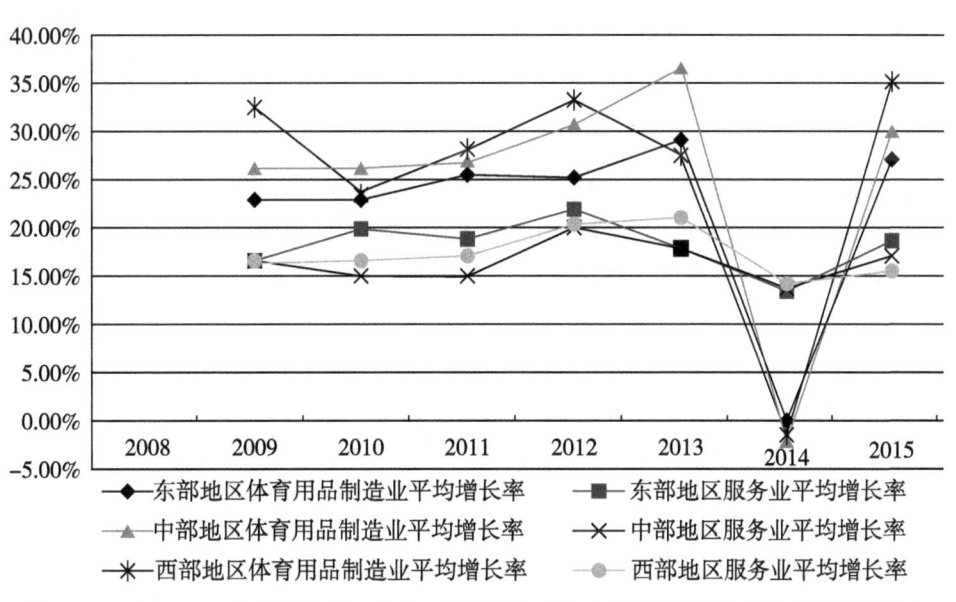

图 6-2　2008—2015 年我国东部、中部、西部经济区体育用品制造业与服务业平均增长率

第三节 实证检验与分析讨论

一、面板数据单位根检验

在进行单位根检验之前,首先对中国三大经济区的体育用品制造业增值税额与服务业增加值进行初步判定,以验证回归分析中是否具有常数项和趋势项。由图6-1和图6-2可知,两个变量的检验模式均应该包括常数项与时间趋势项。由于单位根检验的方法较多,能够使用LLC、Breitung、IPS、Fisher-ADF及Fisher-PP 5种方法进行面板数据单位根检验。为克服使用不同检验方法造成的偏差,本章采用LLC和Fisher-ADF,对中国三大经济区服务业发展与体育用品制造业转型升级的两个变量进行面板数据单位根检验,结果见表6-2。

表6-2 单位根检验结果

地区	变量	LLC 检验	Fisher-ADF 检验
东部地区	Industry	-9.0626***	33.3079**
	Services	-5.6639***	30.1879**
中部地区	Industry	-3.3943***	26.2380*
	Services	-16.4341***	35.6210**
西部地区	Industry	-2.8486***	24.7327*
	Services	-8.2094***	31.2595**

注:*、**、***分别表示通过10%、5%、1%的显著性检验。

由表6-2可知,我国三大经济区体育用品制造业增值税额(Industry)与服务业增加值(Services)均通过了10%的显著性检验,拒绝了存在单位根的原假设,说明我国三大经济区体育用品制造业增值税额和服务业增加值都是平稳的,两个变量均表现为同阶单整,即属于 $I(0)$ 阶单整序列。因此,这两个变量之间可能存在某种协整关系。

二、面板数据协整关系分析与长期因果关系检验

采用Johansen面板协整关系检验法对我国东部、中部、西部地区体育用品制造业增值税额(Industry)与服务业增加值(Services)进行验证,结果见表6-3。由表6-3可知,我国三大经济区的体育用品制造业增值税额与服务业增加值之间均

存在协整关系。然后,根据似然比检验确定最优滞后阶数,并对三大经济区服务业发展与体育用品制造业转型升级的两个变量进行面板数据 Granger 因果关系检验,结果见表6-4。由表6-4可知,在东部、西部经济区,体育用品制造业转型升级是服务业发展的长期原因,反之则不成立;但在中部经济区,服务业发展是体育用品制造业转型升级的长期原因,反之也不成立。

表 6-3 Johansen 面板协整关系检验结果

地区	原假设	Fisher 联合迹统计量（P 值）	Fisher 联合 λ-max 统计量（P 值）
东部地区	None	78.73（0.0000）***	66.92（0.0000）***
	At most 1	52.12（0.0003）***	52.12（0.0003）***
中部地区	None	152.90（0.0000）***	140.30（0.0000）***
	At most 1	38.57（0.0013）***	38.57（0.0013）***
西部地区	None	89.25（0.0000）***	65.56（0.0000）***
	At most 1	79.69（0.0000）***	79.69（0.0000）***

注：*** 表示通过1%的显著性检验。

表 6-4 面板数据 Granger 因果关系检验结果

地区	零假设	滞后阶数	F 统计量	P 值	结论
东部地区	Services does not Granger Cause Industry	1	0.41543	0.5212	接受
	Industry does not Granger Cause Services	1	2.67575	0.0915	拒绝
中部地区	Services does not Granger Cause Industry	1	3.09803	0.0842	拒绝
	Industry does not Granger Cause Services	1	1.62504	0.2080	接受
西部地区	Services does not Granger Cause Industry	1	0.98714	0.3780	接受
	Industry does not Granger Cause Services	1	2.31669	0.1000	拒绝

三、面板数据误差修正模型与短期因果关系检验

协整关系仅仅能够反映变量之间的长期均衡关系,为了弥补长期静态模型的不足,可以通过短期动态模型反映短期偏离长期均衡的修正机制。因此,在长期因果关系成立的前提下,有必要进行短期因果关系检验,并探讨其稳健性程度。通过短期因果关系检验,还能进一步认识我国服务业发展与体育用品制造业转型

升级之间的短期运行关系①。鉴于此,本章构建如下两个面板数据误差修正模型:

$$d(\text{Industry}) = \eta_i + \sum_{i=1}^{n} \gamma_1 d(\text{Industry}_{i,\,t-1}) + \sum_{i=1}^{n} \beta_1 d(\text{Services}_{i,\,t-1}) + \lambda \text{ECM}_{it} + \varepsilon_{it} \quad (6.8)$$

$$d(\text{Services}) = \alpha_i + \sum_{i=1}^{n} \mu_1 d(\text{Services}_{i,\,t-1}) + \sum_{i=1}^{n} \beta_1 d(\text{Industry}_{i,\,t-1}) + \lambda \text{ECM}_{it} + \varepsilon_{it} \quad (6.9)$$

从上述两个误差修正模型来看,各变量的波动分为两部分:一部分为短期波动,另一部分为长期均衡。其中,d 为一阶差分项;I 为滞后阶数。解释变量的差分项反映了各解释变量短期波动对被解释变量短期变化的影响,若其系数 β_1 为零被拒绝,表明短期因果关系成立,反之则不成立。ECM_{it} 为误差修正项,反映了各变量之间的关系偏离长期均衡状态对短期波动的影响,其系数 λ 的大小能说明短期非均衡状态向长期均衡状态调整的速度,如果为零被拒绝,表明误差修正机制已经产生,验证得出的长期因果关系是可靠的,反之则不可靠,结果见表6-5。

表6-5 面板数据误差修正模型估计结果

变量	东部地区 Model (1)	东部地区 Model (2)	中部地区 Model (1)	中部地区 Model (2)	西部地区 Model (1)	西部地区 Model (2)
ECM	0.0388	0.0190***	-0.1731***	-0.0093	-0.0315	0.0111***
$d(\text{Industry})_{(-1)}$	-0.1634*	0.0067**	-0.1945**	-0.0439**	-0.1346	0.0404***
$d(\text{Services})_{(-1)}$	0.0904	0.0423**	-0.1678**	0.0562	-0.5183*	0.3463**
C	0.0855**	0.0689***	0.1178**	0.0658***	0.1303**	0.0412***
Adj. R-squared	0.3072	0.6916	0.7362	0.5399	0.6184	0.7986
F-statistic	32.7652	58.9382	64.8745	46.9267	50.7632	70.7836

注:*、**、*** 分别表示通过10%、5%、1%的显著性检验。

由表6-5可知,就我国东部经济区域而言,模型(1)的 ECM 项回归系数未通过显著性检验;模型(2)的 ECM 项回归系数为正,通过1%的显著性检验,并且其他变量也达到显著性水平,表明我国东部地区体育用品制造业转型升

---

① 王治,王耀中. 中国服务业发展与制造业升级关系研究——基于东、中、西部面板数据的经验证据 [J]. 华东经济管理,2010,24 (11):65-69.

级是服务业发展的长期原因获得进一步证实。针对我国中部经济区域而言，模型（1）的 ECM 项回归系数为负，通过 1% 的显著性水平检验，并且其他变量也通过 5% 的显著性检验，但是模型（2）的 ECM 项回归系数不显著，说明我国中部地区服务业发展是体育用品制造业转型升级的长期原因得到进一步证实。就我国西部经济区域而言，模型（1）的 ECM 项回归系数未通过显著性检验；模型（2）的 ECM 项回归系数为正，通过 1% 的显著性检验，且其他变量也满足显著性检验要求，表明我国西部地区体育用品制造业转型升级是服务业发展的长期原因获得进一步证实。

我国东部地区凭借其区位优势、政策优势、人才优势、市场优势及技术优势等，民众受教育程度整体水平较高，人均可支配收入较高，体育健身意识较强，体育消费能力较强，这为我国东部地区体育用品制造业的快速发展创造了条件。部分省市不仅在体育用品研发、设计、生产、制造、出口等方面处于全国领先地位，还在人均体育用品消费比例方面也位列前茅。相关资料显示，目前国内体育用品集群主要集中于东部沿海开放地区，我国体育用品产量排名前五位的省市依次是广东、福建、江苏、浙江和上海，占全国体育用品总产量的 85%[①]。因此，我国东部地区体育用品制造业的快速发展进一步夯实了服务业发展规模，并且在一定程度上提升了服务业的发展质量。

我国中部地区体育用品制造业的发展水平较低，受国家产业发展战略的影响，中部地区通过挖掘自身潜在优势，大力发展服务业，逐步实现传统服务业与现代服务业的双向驱动。以湖北为例，服务业发展规模不断壮大，内部产业结构显著改善，经营业态越发多元化，在拉动经济增长、改善民生、增加就业等方面发挥了重要作用。相关资料显示，2014 年，湖北服务业经济实现增加值 11349.93 亿元，同比增长了 10.50%，占 GDP 比重达 41.50%，对全省经济增长的贡献率达到 42.60%，拉动 GDP 增长 4.10 个百分点，成为推动社会经济发展的新力量[②]。因此，我国中部地区服务业的快速发展能够进一步提升该地区体育用品制造业的发展水平。

由于各方面条件的限制，较我国东部和中部地区而言，西部经济区服务业与

[①] 方烨. 中国体育用品市场潜力巨大 [EB/OL]. (2014-07-08) [2019-10-26]. http://jjckb.xinhuanet.com/2014-07/08/content_511865.htm.

[②] 湖北省统计局. 新常态下加快湖北服务业发展的几点建议 [EB/OL]. (2015-07-02) [2019-10-26]. http://www.hbng.gov.cn/index.php?id=1451.

体育用品制造业的发展仍处于最低水平。然而，近年来，我国的劳动力成本不断攀升，原材料的采购、运输、加工、仓储等费用越来越高，厂房的租赁、新建及翻新等成本也大幅上涨，受到全球产业转移浪潮和国家西部大开发战略的影响，我国东部地区的一些体育用品制造企业陆续向西部地区转移。另外，为了深入贯彻实施《关于加快发展体育产业促进体育消费的若干意见》，西部地区进一步加大了体育产业开发力度，部分城市已创建体育用品制造工业园区，我国西部经济区体育用品制造业发展的集群效应与规模效应逐步扩大。因此，我国西部地区体育用品制造业的不断发展和壮大能够在一定程度上带动服务业的发展。

第四节 小 结

本章以中国东部、中部和西部三大经济区域的面板数据为分析样本，实证检验了我国体育用品制造业转型升级与服务业发展之间的因果关联性。研究结果表明：

（1）不管是我国东部经济发达地区，还是中部、西部经济落后地区，国内体育用品制造业转型升级和服务业发展之间的协同互动关系均未建立起来，三大经济区域体育用品制造业转型升级与服务业发展之间仅仅存在单向的因果关系。

（2）在我国东部、西部经济区，体育用品制造业转型升级是服务业发展的长期原因，但是在中部经济区，服务业发展则是我国体育用品制造业转型升级的长期原因。

（3）从整体来看，虽然我国作为一个体育用品制造和出口大国，由于缺乏核心技术，产品全球竞争力较弱，国际话语权仍然非常有限，与国内服务业发展比较，中国三大经济区域体育用品制造业发展还处于较低的水平。因此，各地区要实现产业结构的优化和资源的合理配置，就需要厘清我国体育用品制造业转型升级与服务业发展之间的互动作用机制和路径，从不同视角制定两大行业的发展战略。

第七章
"互联网+"对我国体育用品制造业转型升级的影响：以某省域为个案

以"互联网+"为核心的信息技术的不断更新和换代，推动了全球资源要素的优化配置与创新发展模式，世界经济已经逐步进入以信息技术为主导的新阶段。美国、德国、英国、法国等欧美发达国家陆续出台并实施的"再工业化"战略，其本质是把以"互联网+"为核心的现代信息技术广泛应用于制造业乃至整个产业体系。2015年7月，国务院发布了《关于积极推进"互联网+"行动的指导意见》，提出"推动互联网与制造业的融合，提升制造业数字化、网络化、智能化水平……发展基于互联网的协同制造新模式"。2016年5月，国务院又发布《关于深化制造业与互联网融合发展的指导意见》，提出支持制造企业与互联网企业跨界融合，培育制造业与互联网融合新模式。这一系列国家政府文件的陆续出台，凸显了"互联网+"对我国制造业实现转型升级目标的重大战略意义，表明"互联网+制造业"的创新融合将成为我国制造业转型升级的重要引擎，以"互联网+"为核心的现代信息技术将成为促进我国制造业生产效率的重要手段。

体育用品制造业作为湖北体育产业的重要支柱，通过近些年的不断发展和积累已经初具规模，产品体系日渐丰富，大型体育用品工业园区正稳步推进，体育用品市场具备较大增长空间。然而，与我国东部沿海地区的广东、浙江、江苏、福建、山东及上海等省、市相比，湖北体育用品制造业的发展仍存在明显差距[1][2]。在新一轮的以"互联网+"为核心的现代信息技术与制造业创新融合的历

---

[1] 李书娟. 体育用品制造业效率评价研究:以湖北省为例 [J]. 首都体育学院学报, 2017, 29 (4): 318-322.
[2] 李书娟. 湖北省体育用品制造业效率评价研究 [J]. 体育成人教育学刊, 2015, 31 (5): 36-39.

史变革中，湖北体育用品制造业虽然作为我国产业经济结构的一个细微元素，但是同样面临严峻挑战。一方面，随着中国劳动力成本的整体上升，人口红利、要素禀赋等比较优势已不复存在，经济新常态下的自然资源、环境保护等硬约束进一步加剧，国内体育用品出口市场总体低迷等因素对湖北体育用品制造业的发展造成严重影响；另一方面，新经济发展形势下国内外体育用品制造业的全球产业转移已是大势所趋，国外体育用品制造业逐步把相关业务向经济成本更低的发展中国家进行"分流"，而国内本土体育用品制造业则将相关业务向中部、西部地区转移，这对湖北体育用品制造业的发展形成一定的"挤压效应"。

基于上述大背景，如何实现湖北体育用品制造业转型升级就成为亟待解决的重要问题。根据国家发布的一系列重要文件，湖北陆续出台了《湖北体育发展"十三五"规划》《湖北省体育产业跨越发展四年行动计划（2018—2021年）》等纲领性文件，先后提出"积极探索'互联网+'体育发展新路径，促进以云计算、物联网、大数据为代表的新一代信息技术与体育运动装备制造业的创新融合"。由此可见，以"互联网+"为核心的现代信息技术服务业的快速发展，已经成为湖北体育用品制造业转型升级的重要支撑[①]。另外，本章从省域视角切入，采用点与面结合的研究方式，以期能从不同角度来探究经济新常态下我国体育用品制造业转型升级的影响因素。

第一节　相关研究动态及评述

近年来，随着经济全球化发展进程的不断提速，关于"互联网+"背景下现代信息技术、信息产业推动我国体育用品制造业转型升级的相关问题已引起学术界广泛关注，概括起来主要包括如下两个方面。

一、以"互联网+"为核心的现代网络信息技术与体育用品制造业销售（营销）模式的创新融合

在以"互联网+"为核心的现代网络信息技术与体育用品制造业销售（营销）模式的创新融合研究方面，蔡兴林等采用文献资料法和文本分析法，对中国

[①] 魏艳秋，和淑萍，高寿华."互联网+"信息技术服务业促进制造业升级效率研究——基于DEA-BCC模型的实证分析[J].科技管理研究，2018（17）：195-202.

第七章 "互联网+"对我国体育用品制造业转型升级的影响：以某省域为个案

体育用品企业实现"新零售"所具备的条件进行了深度剖析。研究发现，我国体育用品业企业线上线下销售深度融合还处于初级阶段，智能化销售也处于基础建设阶段，销售难以达到零库存要求，体验式消费发展状况良好，但定制化产品技术落后于国外企业，提出以大数据信息技术为手段，创立体育用品行业智慧供应链，实现"线上线下深度融合"的创新零售模式，打造快捷、准确、协同的零售供应链[1]。强君运用文献资料法与案例分析法，对目前"互联网+"背景下的体育产业网络营销进行了探讨，并进而对我国体育用品企业网络营销渠道建设的现状展开了分析，总结了我国体育用品企业网络营销渠道建设内涵，梳理了网络营销渠道的影响因素。根据研究结果进一步提出，应该紧跟时代步伐，以"互联网+"思维为引领，重视网络营销，拓展网络营销渠道，采用国际化网络营销手段巩固我国体育用品的市场地位[2]。郑琳泓和许月云采用文献资料法、数理统计法、比较分析法等，就福建体育用品业总体情况、内部结构、2008—2017年的发展状况等进行了分析。研究得出，体育用品业是福建体育及相关产业的主力军，总体规模占据全国的"半壁江山"，但体育服务业比例远低于全国水平，"一强多弱"的态势依然非常明显，体育用品制造和服装制造总产出的增长幅度高于鞋帽制造，体育服装制造和服装销售从业人员增长幅度最大。分析还提出，要充分借助网络信息技术，利用线上营销成本低、营销环境好等优势，做好品牌宣传与推广，提高售后服务质量，使线上线下销售形成联动效应[3]。

二、基于现代信息技术应用视角下的"互联网+"对体育用品制造业产品功能的影响

在基于现代信息技术应用视角下的"互联网+"对体育用品制造业产品功能的影响研究方面，董芹芹等采用文献资料法等分析了"互联网+"体育产业各领域的发展趋势，探讨了加快转型升级的策略。研究得出，打造精细化分类平台，带来更加及时、更加移动、更加社交的体育体验，自制体育（知识产权，Intellectual Property）与体育节目将是未来发展走向。研究提出，更新服务意识，以

---

[1]蔡兴林，李佩明，张高雅. 基于"新零售"背景下中国体育用品业零售转型与升级研究［J］. 体育文化导刊，2018（8）：94-98.
[2]强君. 互联网+体育产业发展研究——以体育用品网络营销为例［J］. 安徽体育科技，2017，38（3）：15-18.
[3]郑琳泓，许月云. 福建省体育用品业发展与转型升级路径［J］. 泉州师范学院学报，2016，34（4）：34-40.

融合促创新，加强核心技术研发，推进大数据应用。在服装、帽子、鞋垫、腕表等体育用品中融入互联网科技，能实现可穿戴体育用品及设备的智能化开发，"互联网+"可穿戴体育用品及设备的协同制造，丰富了产品功能，创造了新的价值与共享经济模式①。颜小燕运用文献资料法和逻辑分析法等方法，对"互联网+"促进体育产业创新驱动发展及策略进行了研究。分析认为，"互联网+"能促进体育产业凝聚大规模潜在需求用户，开创了新的产业渠道，更新了体育产业的管理模式，促使小众需求外显。"互联网+"作为内生性较强的技术在体育产业中扮演了重要角色，促进了体育产业的多维度整合发展，拓宽了体育产业的外贸业务，颠覆了传统的商业思维。研究提出，要充分利用"互联网+"技术优化体育用品制造业的产品结构，尝试不同品牌之间的跨界合作，促使产品提质增效，进而提升品牌影响力②。左伟和李建英分析认为，"互联网+"载入政府工作报告反映了其在国民经济发展中的基础性、战略性地位已经得到国家层面的高度认可，"互联网+"给当前我国体育产业的转型升级发展带来了新机遇。"互联网+"体育产业以互联网为工具，以提高体育企业生产、服务效率为使命，推动体育企业创新发展，促使互联网与体育企业深度融合，其本质是体育产业发展状态的一种深刻变革。研究还提出，"互联网+"技术在可穿戴体育用品的功能研发方面具有重大作用，互联网技术的逐步嵌入，不仅推动了我国体育用品制造业的转型升级，更提高了运动训练的科学化水平③。

综上所述，近年来，学术界已就"互联网+"推动体育用品制造业转型升级的相关问题进行了一系列理论探讨，普遍认为以"互联网+"为核心的现代信息技术及信息技术服务业与体育用品制造业发展的不断交叉融合，创新了体育用品制造业销售（营销）模式，强化了产品功能开发，推动了我国体育用品制造业的转型升级发展。然而，对这些理论观点展开实证检验的文献还非常少，理论与实证研究的协同程度有待提高。通过文献梳理还发现，关于某国（地区）"互联网+"信息技术服务业对体育用品制造业转型升级效率的影响研究少有涉足，未能从投入—产出视角实证检验"互联网+"信息技术服务业发展与体育用品制造

---

①董芹芹，张心怡，沈克印. 健康中国背景下"互联网+体育产业"发展的领域、趋势及策略 [J]. 体育文化导刊，2018（5）：74-78.
②颜小燕. "互联网+"促进体育产业创新驱动发展及其策略 [J]. 体育与科学，2017，38（6）：67-72.
③左伟，李建英. 论"互联网+"体育产业的内涵、特征及呈现方式 [J]. 山西大学学报（哲学社会科学版），2016，39（5）：140-144.

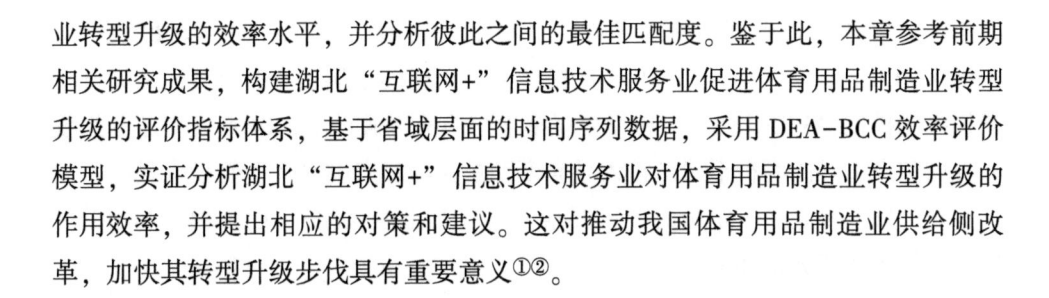

业转型升级的效率水平，并分析彼此之间的最佳匹配度。鉴于此，本章参考前期相关研究成果，构建湖北"互联网+"信息技术服务业促进体育用品制造业转型升级的评价指标体系，基于省域层面的时间序列数据，采用 DEA-BCC 效率评价模型，实证分析湖北"互联网+"信息技术服务业对体育用品制造业转型升级的作用效率，并提出相应的对策和建议。这对推动我国体育用品制造业供给侧改革，加快其转型升级步伐具有重要意义[1][2]。

第二节　研究方法、指标选取与数据来源

一、研究方法

DEA 是美国运筹学家 Charnes 和 Cooper 等以相对效率为基础所形成的一种效率评价方法[3]。它主要应用数学规划模型计算和比较决策单元（Decision Making Unites，DMU）之间的相对效率，并且做出相应的评价分析，其能够充分考虑对于决策单元本身最优的投入产出方案，因此能够更理想地反映评价对象自身的信息与特点，对于评价复杂系统的多投入与多产出分析具有独到之处[4]。DEA 模型将所有决策单元的投入和产出项投影到几何空间，从而寻找最低投入或最高产出作为边界。当某个 DMU 落在边界上时，则视该 DMU 为有效单位，其 DMU 相对效率值等于 1，表示在其他条件不变的情况下无法减少投入或增加产出；若 DMU 落在边界内，则该 DMU 为无效单位，DMU 相对效率值介于 0~1，表示在产出不变的情况下可以降低投入或在投入不变的情况下可以增加产出。

C^2R 模型和 BC^2 模型是 DEA 常用的两种模型，同时也是 DEA 的基础与精华。C^2R 模型是 Charnes、Cooper 和 Rhodes 于 1978 年提出的不变规模报酬假设下的 DEA 模型，因此又称不变规模报酬模型（CRS 模型）。但是，并不是每个 DMU

---

[1] 钟华梅，王兆红. 人口红利、劳动力成本与体育用品出口贸易竞争力关系的实证研究 [J]. 武汉体育学院学报，2018，52（6）：50-55.
[2] 冯国有，贾尚晖. 中国财政政策支持体育产业发展的承诺、行动、效应 [J]. 体育科学，2018，38（9）：37-46.
[3] 吕文广，陈绍俭. 我国欠发达地区农业生产技术效率的实证分析——采用 DEA 方法和 Malmquist 指数方法测度 [J]. 审计与经济研究，2010，25（5）：96-103.
[4] 柳思维，黄毅. 9 家种业上市公司分销效率比较研究：2004—2008 年——基于 DEA 的计量分析 [J]. 系统工程，2010，28（5）：64-68.

的生产过程都是处于固定规模报酬之下的,为测算 DMU 的纯技术效率水平,Banker、Charnes 与 Cooper 于 1984 年提出了可变规模报酬的 BC^2 模型,又称可变规模报酬模型(VRS 模型)。在可变规模报酬的前提假设下,DEA 模型还分为投入导向和产出导向两种形式。投入导向模型是在给定产出水平下使投入最少,而产出导向模型则是在一定量的投入要素下追求产出最大化[1]。C^2R 模型与 BC^2 模型的具体表达式分别如下:

$$\begin{aligned} &\text{Min}\theta_c \\ &s.t.\ X_\lambda \leq \theta_c X_i \\ &Y_\lambda \geq Y_i \\ &\lambda \geq 0 \end{aligned} \quad (7.1)$$

$$\begin{aligned} &\text{Min}\theta_v \\ &s.t.\ X_\lambda \leq \theta_v X_i \\ &Y_\lambda \geq Y_i,\ I_\lambda = 1 \\ &\lambda \geq 0 \end{aligned} \quad (7.2)$$

式中,θ_c 为被评价的 DMU 在规模报酬不变的假设条件下的技术效率(综合技术效率);θ_v 为被评价的 DMU 在规模报酬可变的假设条件下的技术效率(纯技术效率);X_i 和 Y_i 分别为第 i 个 DMU 的 $m×1$ 维投入向量与产出向量;X 为样本中所有 DMU 投入的 $m×n$ 阶矩阵;Y 为 $1×n$ 维向量;I 为由数 1 组成的行向量;λ 为各 DMU 被赋予的权重,为 $n×1$ 维向量。

综上所述,根据两个模型的基本特征,并结合湖北体育用品制造业的发展现状,本章选取了可变规模报酬模型 BCC(Bath Centering Cone Model)对湖北"互联网+"信息技术服务业促进体育用品制造业转型升级效率进行测度与评价。

二、指标选取与数据来源

在运用 DEA 模型对湖北"互联网+"信息技术服务业促进体育用品制造业转型升级效率进行实证分析之前,首先需要构建评价指标体系,投入产出指标变量的选取是否合理,将会直接影响到最终测评结果。鉴于此,本章根据国家统计局

---

[1]张晓瑞,宗跃光.城市开发的资源利用效率测度与评价——基于 30 个省会城市的实证研究[J].中国人口·资源与环境,2010,20(5):95-101.

发布的《生产性服务业分类（2015）》关于信息技术服务业的概念界定和涵盖范畴[1]，重点参考魏艳秋和和淑平[2]、余东华和信婧[3]、李捷等[4]学者关于信息技术服务业、信息技术扩散、生产性服务业及制造业转型升级的评价指标体系和具体测度变量，并且综合考虑了湖北"互联网+"信息技术服务业与体育用品制造业的实际发展状况，在遵循系统性、有效性、权威性、科学性、可获取性等原则的基础上，构建投入产出指标体系，见表7-1。

表7-1 湖北信息技术服务业促进体育用品制造业转型升级的投入产出指标体系

指标类型	具体测度变量	单位
信息技术服务业发展投入指标	长途光缆线路长度（X_1）	万公里
	开通互联网宽带业务的行政村比重（X_2）	%
	互联网宽带接入端口（X_3）	万个
体育用品制造业转型升级产出指标	主营业务税金及附加（Y_1）	千元
	利润总额（Y_2）	千元
	应交增值税（Y_3）	千元

由表7-1可知，基于投入产出指标体系，在对各测度指标变量原始数据进行搜集、整理和汇总的过程中，考虑到部分指标数据的可得性、系统性及完整性问题，选取2007—2017年湖北的时间序列数据，从省域层面实证分析"互联网+"信息技术服务业对体育用品制造业转型升级的促进效率。指标数据分别源于清华大学图书馆官网（http://lib.tsinghua.edu.cn）、中国国家图书馆官网（http://www.nlc.cn/）、中宏产业研究平台（http://mcin.macrochina.cn/MacroCy/index.html）、湖北省统计局官网（http://www.stats-hb.gov.cn/index.htm）和国家统计局官网（http://data.stats.gov.cn/index.htm），部分指标原始数据如附件5所示。

---

[1]国家统计局. 生产性服务业分类（2015）[EB/OL].（2015-06-04）[2019-10-28]. http://stats.gov.cn/sj/tjbz/gjtjbz/202302/t20230213_1902758.html.
[2]魏艳秋, 和淑萍. 现代信息技术服务业嵌入与制造业转型升级——基于VAR模型分析[J].科技管理研究, 2018, 38（1）: 126-133.
[3]余东华, 信婧. 信息技术扩散、生产性服务业集聚与制造业全要素生产率[J/OL]. 经济与管理研究, 2018, 39（12）: 63-76.
[4]李捷, 余东华, 张明志. 信息技术、全要素生产率与制造业转型升级的动力机制——基于"两部门"论的研究[J]. 中央财经大学学报, 2017（9）: 67-78.

第三节 实证检验与分析讨论

以"互联网+"为核心的现代信息技术促进湖北体育用品制造业的转型升级，主要是把互联网平台与信息技术手段嵌入湖北体育用品制造业的发展过程，创新销售（营销）模式，提升管理效率，优化服务质量，丰富产品功能，提高产品技术含量及附加值。因此，本章将信息技术服务业作为除劳动力和资本外的技术性投入生产要素，从而检验"互联网+"对湖北体育用品制造业转型升级的影响效应。

一、"3投入—3产出"DEA-BCC效率评价模型的总体效率分析及评价

以反映湖北信息技术服务业发展的长途光缆线路长度、互联网宽带接入端口、开通互联网宽带业务的行政村比重作为3项投入指标，以反映湖北体育用品制造业转型升级的主营业务税金及附加、利润总额、应交增值税作为3项产出指标，把时间序列（2007—2017）中的年份作为决策单元（DMU）。借助数据包络分析软件 DEAP 2.1 运行"3投入—3产出"DEA-BCC 模型的相应程序，得出湖北信息技术服务业促进体育用品制造业转型升级的综合效率、纯技术效率和规模效率，结果见表 7-2。

表 7-2　2007—2017 年湖北信息技术服务业促进体育用品制造业转型升级的效率评价结果

年份	综合效率（Crste）	纯技术效率（Vrste）	规模效率（Scale）	规模报酬
2007	0.586	1.000	0.586	irs
2008	0.613	0.939	0.653	irs
2009	0.229	0.297	0.772	irs
2010	0.508	1.000	0.508	irs
2011	0.535	1.000	0.535	irs
2012	0.487	0.671	0.726	irs
2013	0.916	1.000	0.916	irs
2014	1.000	1.000	1.000	—
2015	1.000	1.000	1.000	—
2016	0.966	0.980	0.985	irs

续表

年份	综合效率（Crste）	纯技术效率（Vrste）	规模效率（Scale）	规模报酬
2017	1.000	1.000	1.000	—
均值	0.713	0.899	0.789	—

注：crste=vrste×scale，3个指标均介于0~1，数值越大意味着投入产出效率越高。当crste=1时，代表DEA有效。irs表示规模报酬递增，—表示规模报酬不变。

从总体来看，2007—2017年，湖北信息技术服务业促进体育用品制造业转型升级的综合效率均值仍较低（0.713），综合效率虽由2007年的0.586上升至2017年的1.000，但是期间仅仅3个年份达到DEA有效，尤其是2007—2012年的综合效率值更是明显偏低，说明湖北信息技术服务业作为要素投入，其所对应的产出状况并未达到最优目标，对湖北体育用品制造业转型升级的促进作用还有待进一步提高。就不同时间阶段而言，2013—2017年的综合效率水平明显高于2007—2012年，综合效率值均大于0.90，并且有3个年份（2014年、2015年、2017年）达到DEA有效，即在2014年、2015年和2017年湖北信息技术服务业促进体育用品制造业转型升级的综合效率值达到相对有效状态。

结合我国区域经济发展现实情况分析，自2014年以来，国家和地方政府陆续出台关于"互联网+体育"发展战略及具体实施方案，随着国家政策文件的发布与实施，2014—2018国家政策红利逐步释放，以"互联网+"为核心的现代信息技术服务业作为一种全新生产投入要素，在湖北体育用品制造业转型升级过程中，通过大数据、物联网、云计算等现代信息技术手段，促进了体育用品制造业研发、设计、生产、运输、库存、销售、售后等环节的有效衔接，提高了企业的生产与经营管理效率，开创了产品销售和商业管理新模式，进一步缩减了企业各项成本，为湖北体育用品制造业转型升级提供了新动力。

为了深入探究湖北信息技术服务业促进体育用品制造业转型升级的综合作用效率较低的原因，现就综合效率的两个重要影响因素纯技术效率和规模效率展开分析。首先，纯技术效率在7个年份中（2007年、2010年、2011年、2013年、2014年、2015年、2017年）都达到相对有效，有效年份占比63.64%，2007—2017年纯技术效率均值高达0.899，但是2009年纯技术效率值是2007—2017年以来最小的，这与2008年爆发的全球金融危机不无关联；其次，规模效率仅在3个年份中（2014年、2015年、2017年）达到相对有效，有效年份占比27.27%，

2007—2012年规模效率普遍偏低，2007—2017年来规模效率均值为0.789。通过上述综合比较得出，湖北信息技术服务业促进体育用品制造业转型升级的综合作用效率整体偏低的主要原因在于规模效率不高。

近年来，国家和地方政府在政策、人才、资金等方面给予了湖北信息技术服务业大力支持，通过不断发展与积累，湖北信息技术服务业取得了长足进步，在管理效率、技术标准、人才配置等方面已达到体育用品制造业转型升级的要求，湖北信息技术服务业的技术水平对体育用品制造业转型升级的效率产生了重要促进作用。然而，由于湖北信息技术服务业起步较晚，以武汉为区域核心的信息技术服务业发展相对较快，随着地域范围的不断延伸，信息技术服务业发展的区域差异越发明显，集群效应和规模效应也尚未形成，导致信息技术服务业对湖北体育用品制造业转型升级的整体带动作用比较有限。

二、综合效率DEA无效年份（DMU）的投影分析

基于上述总体效率测度结果，现对8个年份（2007年、2008年、2009年、2010年、2011年、2012年、2013年、2016年）的非DEA有效决策单元进行投影分析，从而探讨湖北信息技术服务业投入冗余和体育用品制造业转型升级产出不足的状况，具体结果见表7-3。

表7-3 DEA无效决策单元的投影分析结果

年份（DMU）	投入产出投影调整	信息技术服务业发展投入指标 X_1	X_2	X_3	体育用品制造业转型升级产出指标 Y_1	Y_2	Y_3
2007	Original value	2.760	69.600	282.000	182.000	4950.000	3502.000
	Radial movement	0.000	0.000	0.000	0.000	0.000	0.000
	Slack movement	0.000	0.000	0.000	0.000	0.000	0.000
	Projected value	2.760	69.600	282.000	182.000	4950.000	3502.000
2008	Original value	2.770	72.900	327.400	190.000	5130.000	4254.000
	Radial movement	0.000	0.000	0.000	12.431	335.636	278.323
	Slack movement	0.000	-2.228	0.000	1365.395	3298.132	0.000
	Projected value	2.770	70.672	327.400	1567.825	8763.768	4532.323
2009	Original value	2.920	81.500	433.300	173.000	1834.000	2107.000
	Radial movement	0.000	0.000	0.000	409.110	4337.039	4982.629
	Slack movement	-0.118	-8.441	0.000	4286.485	12474.832	0.000

第七章 "互联网+"对我国体育用品制造业转型升级的影响：以某省域为个案

续表

年份 (DMU)	投入产出 投影调整	信息技术服务业发展投入指标			体育用品制造业转型升级产出指标		
		X_1	X_2	X_3	Y_1	Y_2	Y_3
2009	Projected value	2.802	73.059	433.300	4868.595	18645.871	7089.629
2010	Original value	2.700	83.400	588.400	975.000	8998.000	6331.000
	Radial movement	0.000	0.000	0.000	0.000	0.000	0.000
	Slack movement	0.000	0.000	0.000	0.000	0.000	0.000
	Projected value	2.700	83.400	588.400	975.000	8998.000	6331.000
2011	Original value	2.710	90.000	746.100	862.000	19697.000	8462.000
	Radial movement	0.000	0.000	0.000	0.000	0.000	0.000
	Slack movement	0.000	0.000	0.000	0.000	0.000	0.000
	Projected value	2.710	90.000	746.100	862.000	19697.000	8462.000
2012	Original value	2.770	92.800	1023.500	3633.000	25032.000	10571.000
	Radial movement	0.000	0.000	0.000	1778.936	12257.179	5176.200
	Slack movement	0.000	-1.540	-33.140	10288.664	7213.021	0.000
	Projected value	2.770	91.260	990.360	15700.600	44502.200	15747.200
2013	Original value	2.810	92.100	1153.200	25593.000	61039.000	20604.000
	Radial movement	0.000	0.000	0.000	0.000	0.000	0.000
	Slack movement	0.000	0.000	0.000	0.000	0.000	0.000
	Projected value	2.810	92.100	1153.200	25593.000	61039.000	20604.000
2016	Original value	3.240	96.000	2594.700	36937.000	107328.000	35158.000
	Radial movement	0.000	0.000	0.000	735.362	2136.743	699.944
	Slack movement	0.000	0.000	-40.449	0.000	476.899	63.747
	Projected value	3.240	96.000	2554.251	37672.362	109941.642	35921.691

注：Original value 表示原始数据；Radial movement 表示投入指标的松弛变量值（即投入冗余）；Slack movement 表示产出指标的松弛变量值（即产出不足）；Projected value 表示目标投影值。

由表7-3可知，在4个DEA无效年份（2008年、2009年、2012年、2016年）的决策单元中，就湖北体育用品制造业转型升级的3个产出指标而言，主营业务税金及其附加、利润总额和应交增值税的目标投影数值较原始数值均有明显提升，表明湖北信息技术服务业作为一种新生产投入要素尚未实现最优化配置，体育用品制造业转型升级的产出指标仍存在较大上升空间。从湖北信息技术服务业的3项投入指标来看，长途光缆线路长度、开通互联网宽带业务的行政村比重与互联网宽带接入端口的目标投影数值较原始数值出现了不同程度的下滑，说明湖北信息技术服务业的区域非均衡发展，集群效应和规模效应难以形成，信息技术服务业小而散的发展现状是导致 DEA 无效的主要原因,并严重制约了信息技术服务业对湖北体育用品制造业转型升级的带动作用,该结果与总体效率评价结果保持吻合。

三、"3 投入—1 产出" DEA-BCC 模型的效率分解评价

根据湖北信息技术服务业促进体育用品制造业转型升级的投入产出指标体系(表 7-1),关于体育用品制造业转型升级的 3 个产出指标(Y_1、Y_2、Y_3)分别在一定程度上能够反映出行业发展的业务结构、经济效益与创新能力。为了进一步测度湖北信息技术服务业对体育用品制造业转型升级的业务结构优化、经济效益提升、创新能力增强等方面的具体作用效率,现以湖北体育用品制造业的主营业务税金及附加、利润总额和应交增值税分别作为产出指标,借助 DEAP 2.1,依次运行 3 个 "3 投入—1 产出" DEA-BCC 模型的相应程序,具体测算结果见图 7-1。

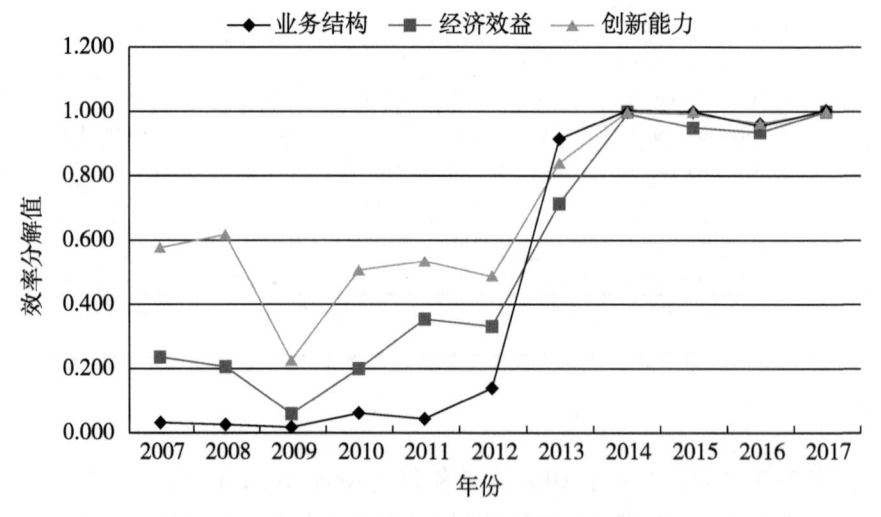

图 7-1 湖北信息技术服务业促进体育用品制造业转型升级的效率分解

注:根据 "3 投入—1 产出" DEA-BCC 模型的运行结果制作而成。

由图 7-1 可知,2007—2017 年,湖北信息技术服务业对体育用品制造业转型升级的业务结构、经济效益和创新能力 3 个方面的促进效率呈现出相似的动态演变轨迹,均表现为效率值于 2009 年跌至谷底,随后保持快速上升趋势,到 2014 年,3 种作用效率值达到相对有效,截至 2017 年都维持着较高的效率水平,

这与总体效率评价结果也保持一致。其中，信息技术服务业对湖北体育用品制造业转型升级创新能力的作用效率是最高的，其次为对经济效益的作用效率，对业务结构的作用效率处于最低水平，三者的均值水平分别是 0.705、0.545 和 0.474。由此，说明信息技术服务业在促进湖北体育用品制造业转型升级的创新能力增强方面发挥了较高作用的效率，但在业务结构优化和经济效益提升方面的作用效率还有待进一步提高。

结合我国区域经济发展的实际情况分析，一方面，2007—2017 年随着湖北信息技术服务业与体育用品制造业跨界融合的不断深入，在新一轮供给侧改革背景下，体育用品制造业的转型升级主要以创新驱动为引擎，信息技术服务业在体育用品制造业的产品研发设计、生产管理模式、产业价值链条、售后服务保障等方面提供了专业化的技术支撑，在较大程度上推动了湖北体育用品制造业转型升级创新能力的增强。

另一方面，伴随湖北体育用品制造业创新驱动战略意识的不断加强，以"互联网+"为核心的信息技术服务业的产业化发展势头强劲，信息技术服务业已经被普遍认为是一种促进体育用品制造业转型升级的全新生产投入要素，大幅度降低了体育用品制造业生产、经营、管理过程中的各项成本费用，边际成本递减和边际收益递增效应逐步显现，在一定程度上提高了湖北体育用品制造业的总体经济效益。

最后，体育用品制造业作为湖北体育产业的重要支柱，涉足产品种类繁多，如运动服装、运动鞋帽、健身器械、水上运动装备、渔具、游艇等，但是缺乏有国内影响力的体育品牌，产品技术含量整体偏低，绝大部分企业的产品仍处于低端生产与重复加工阶段。2007—2017 年，虽然信息技术服务业已逐步融入湖北体育用品制造业的产业价值链，也在一定程度上推动了体育用品制造业产业价值链向技术密集型和信息密集型的高端攀升，但限于本地体育用品制造业自身发展基础较薄弱，导致信息技术服务业对湖北体育用品制造业转型升级的业务结构优化的促进效率不高。

第四节 小　结

本章运用 DEA-BCC 模型，以反映湖北信息技术服务业发展的长途光缆线路长度、开通互联网宽带业务的行政村比重、互联网宽带接入端口作为 3 项投入指标，以反映湖北体育用品制造业转型升级的主营业务税金及其附加、利润总额、应交增值税作为3项产出指标，并选取2007—2017年省域时间序列数据，从综合效率、纯技术效率、规模效率和投影分析4个层面出发，对湖北"互联网+"信息技术服务业促进体育用品制造业转型升级的作用效率展开了实证检验，得出如下结论。

（1）2007—2017年，湖北"互联网+"信息技术服务业促进体育用品制造业转型升级的综合效率均值较低，其中2014年、2015年和2017年湖北信息技术服务业对体育用品制造业转型升级的作用效率达到相对有效状态，综合效率有效年份占比仅27.27%，无效年份占比高达72.73%，说明湖北"互联网+"信息技术服务业作为一种全新的生产投入要素，对体育用品制造业转型升级的促进作用有待全面提高。把综合效率分解为纯技术效率和规模效率并进行综合比较发现，导致湖北"互联网+"信息技术服务业促进体育用品制造业转型升级的综合作用效率整体偏低的主要原因是规模效率不高。

（2）根据总体效率测度结果，对8个年份的非DEA有效决策单元进行投影分析，湖北体育用品制造业转型升级的3项产出指标（主营业务税金及附加、利润总额、应交增值税）的目标投影数值较原始数值均有明显提升，表明湖北"互联网+"信息技术服务业作为一种新兴生产投入要素尚未实现最优化配置，体育用品制造业转型升级的产出指标仍具有较大的增长空间。

（3）2007—2017年，湖北"互联网+"信息技术服务业对体育用品制造业转型升级的业务结构、经济效益和创新能力的促进效率表现出相似的动态演变轨迹。其中，"互联网+"信息技术服务业在促进湖北体育用品制造业转型升级创新能力增强方面发挥了较高的作用，但在业务结构优化、经济效益提升方面的作用效率还有待进一步提高。

第八章 劳动力成本上升对我国体育用品制造业转型升级的影响

劳动力成本作为我国体育用品制造业生产成本的重要组成部分。自改革开放以来，我国凭借低廉的劳动力价格，充分发挥了生产成本的比较优势，让体育用品"中国制造"遍布全球。据相关资料显示，1999年，我国体育用品出口额仅为32.99亿美元，此后17年间体育用品出口额年均增速一直保持在20%以上，到2015年迎来一个发展巅峰，出口额高达195.41亿美元[1]。伴随中国体育用品出口规模的迅速扩张，大量外商投资资本也不断涌入国内市场，使我国成为体育用品制造"世界工厂"。近年来，国家综合实力不断增强，产业结构逐步优化，人口结构发生较大改变，引发了国内劳动力成本的持续上涨，劳动力成本优势已经大幅削弱，且从发展趋势来看，劳动力成本上升将成为我国社会经济发展过程中不可逆转的现实。根据市场调查机构（IHS·Markit）经济学家Paul Robinson的一项调研得出：同意中国仍然是低成本劳动力目的地的比例在2016年内首次跌破50%，但在2012年该数字高达70%以上。另据国际劳工组织公布的数据，自2006年以来，我国国内平均工资水平增幅超过1倍，到2014年我国平均月薪为685美元，而同期的越南、菲律宾、泰国则依次为212美元、216美元和408美元[2]。

目前国内外较为流行的两种观点：一是劳动力成本上升有可能导致产品生产成本增加，从而抑制企业转型升级；二是劳动力成本上升也可能倒逼企业改善管

---

[1] 席玉宝，刘应，金涛. 我国体育用品出口状况分析 [J]. 体育科学，2005, 25 (12)：22-27.
[2] 凤凰国际 iMarket. 调查数据：劳动力成本持续上升——中国不再是"世界工厂" [EB/OL]. (2017-02-03) [2019-11-01]. http://finance.ifeng.com/a/20170201/15173485_0.shtml.

理状况，提高经营效率，进而有助于企业实现转型升级。对于不同行业（产业）的转型升级而言，劳动力成本上升所带来的影响并不确定。鉴于上述背景，劳动力成本上升是否会影响我国体育用品制造业转型升级？将通过何种机制影响我国体育用品制造业的转型升级？影响程度到底有多大？我们又将如何来应对劳动力成本上升对我国体育用品制造业转型升级的影响？这些问题均值得深入探讨和分析。当然，通过研究劳动力成本上升对中国体育用品制造业转型升级的影响，不仅关系到各微观体育用品制造企业自身竞争力的提高，还事关国家宏观社会经济的可持续发展。

第一节 相关研究动态及评述

目前，国内外学者已经就劳动力成本上升与企业（产业）转型升级之间的相关关系问题进行了广泛探讨，普遍认为两者之间不是孤立的，但由于研究视角不同，所得出的影响机制、程度及应对举措等也各具差异。

一、国外研究动态

在国外，例如，Hicks 研究认为，高工资水平存在某种激励机制，虽然短期内会降低企业的利润率，但是从长期均衡来看，也能迫使企业进行改革和升级[1]。Habakkuk 分析得出，19 世纪，美国较英国已经具备更强的技术进步能力，其重要原因就在于美国面临劳动力资源稀缺的环境时，选择了加快推动企业的机械化发展水平[2]。David 研究也指出，面对日趋上升的劳动力成本，美国企业更加倾向于依靠技术创新来降低劳动力成本总额[3]。Romer 分析发现，高工资水平是企业进行创新的一种有效激励，劳动者报酬越高，越能促使企业获得更强的创新能力[4]。Flaig 和 Stadler 研究也得出，工资率是影响企业创新水平的一个重要因

---

[1] HICKS J. The theory of wages [M]. London: Macmillan, 1963: 54.
[2] HABAKKUK H J. American and British technology in the nineteenth century: The search for labor saving inventions [M]. London: Cambridge University Press, 1967: 89.
[3] DAVID P A. Technical choice innovation and economic growth: essays on American and British experience in the nineteenth century [J]. The economic journal, 1976 (6): 413-414.
[4] ROMER P M. Crazy explanations for the productivity slow down [J]. Macroeconomics annual, 1987 (1): 163-210.

素之一①。Reenen 研究认为，英国企业工资水平与技术创新之间存在替代效应，彼此之间相互影响②。Kleinknecht 分析得出，荷兰的低工资水平降低了企业不断创新的积极性，阻碍了企业的技术进步③。

二、国内研究动态

在国内，例如，郑延智等研究认为，劳动力成本上升已经成为我国经济发展中不可逆转的现实，劳动力成本上升可以通过收入机制和成本机制作用于产业结构的转型升级，并且以我国 1980—2010 年数据就劳动力成本上升对产业结构的影响进行了实证检验，结果发现劳动力成本上升对第一产业比重具有负向影响效应，但是对第二产业和第三产业则存在显著的正向影响效应④。阳立高等基于 2003—2012 年我国制造业细分行业的面板数据，对劳动力成本上升影响制造业结构升级的效应展开实证检验。结果表明，劳动力成本上升对劳动、资本、技术密集型制造业的影响依次为显著负向、显著正向、正向，劳动力成本上升已成为促进制造业结构升级的重要推手，我国劳动密集型制造业的传统优势日渐消失，通过大量的劳动、资本与 R&D 投入也同样难以维系其可持续发展⑤。任志成和戴翔利用 2005—2010 年我国工业企业数据库的基础数据，在有效控制企业规模等因素的前提下，对"劳动力成本上升是否倒逼了我国出口企业转型升级"这一命题进行实证检验。结果得出，劳动力成本上升对出口企业转型升级的倒逼作用总体存在，但是其效应在不同行业、不同地区、不同企业类型之间呈现出一定差异。对劳动密集型出口企业的倒逼作用要强于对资本密集型和技术密集型出口企业，对东部地区出口企业的倒逼作用较为显著，而对中西部地区出口企业的作用尚未充分显现⑥。陶加强研究认为，物流业作为劳动密集型产业，正面临劳动力

---

①FLAIG G, STADLER M. The dynamics of the innovation process [J]. Empirical economics, 1994, 19（1）：55-68.
②REENEN J V. The creation and capture of rents：Wages and innovation in a panel of U.K. companies [J]. The quarterly journal of economics, 1996, 111（1）：195-226.
③KLEINKNECHT A. Is labor market flexibility harmful to innovation? [J]. Cambridge journal of economics, 1998, 22（3）：387-396.
④郑延智，黄顺春，黄靓. 劳动力成本上升对产业结构升级转型的影响研究 [J]. 华东交通大学学报，2012, 29（4）：113-117.
⑤阳立高，谢锐，贺正楚，等. 劳动力成本上升对制造业结构升级的影响研究——基于中国制造业细分行业数据的实证分析 [J]. 中国软科学，2014（12）：136-147.
⑥任志成，戴翔. 劳动力成本上升对出口企业转型升级的倒逼作用——基于中国工业企业数据的实证研究 [J]. 中国人口科学，2015（1）：48-58, 127.

成本上涨与用工效率低下的双重压力，但是劳动力成本上升也有利于倒逼企业创新和改进物流效率，进而通过提高用工效率来转移企业的成本，提高企业竞争力，应对劳动力成本上涨的困境[1]。徐昊天等分析指出，我国制造业大厦依旧由劳动密集型制造业构成主体框架。劳动力供给不足与稳定的劳动力需求导致两者缺口越来越大，使我国劳动力成本随之逐年上升，国内劳动力成本优势已不再明显。随着劳动力成本的快速上涨，我国粗放式劳动密集型制造业必须与国际接轨，逐步向资本密集型、技术密集型转变[2]。

从上述现存的理论与实证研究文献来看，目前尚缺乏基于体育用品制造业视角来分析劳动力成本上升对我国体育用品制造业转型升级影响的文献，但是部分学者已经就我国体育用品制造业转型升级的相关问题进行了探讨。夏碧莹分析提出，确立国际化发展目标，实施品牌化发展战略，推动规模化发展模式等，能够加快我国体育用品制造业的转型升级[3]；马德浩和季浏研究认为，面对我国劳动年龄人口比重下降的趋势，转变我国体育用品制造业的发展方式，促使其从粗放型向集约型发展，已经成为我国体育用品制造业破解"大而不强"困境的重要举措[4]。董宁分析得出，人民币升值对我国体育用品制造业的转型升级产生了正向影响，要充分适应人民币升值的新趋势，主动加快我国体育用品制造业转型升级的步伐[5]。邢中有对我国体育用品制造企业的发展规模、组织形式、技术创新、市场营销等进行了调查和分析，提出完善企业转型升级的内部条件，优化我国体育用品制造企业转型升级的外部环境等[6]。李军岩和程文广研究得出，我国体育用品制造业战略转型的3个启示：注重战略过程中的两个匹配、注重企业共性和个性的统一、注重企业发展过程的关联性[7]。谈艳等实证检验发现，研发创新水平、生产性服务业、外商投资规模对我国体育用品制造业转型升级均具有显

---

[1] 陶加强. 我国物流企业劳动力成本与用工效率及转型升级——基于我国物流上市企业的数据分析 [J]. 中国流通经济, 2016, 30 (10): 66-72.
[2] 徐昊天, 伍思齐, 严朗, 等. 劳动力成本上升对中国劳动密集型制造业转型升级的影响 [J]. 市场研究, 2017 (11): 4-5.
[3] 夏碧莹. 加快我国体育用品制造业转型升级的问题和对策 [J]. 北京体育大学学报, 2011, 34 (7): 37-40.
[4] 马德浩, 季浏. 转型与突围：我国劳动年龄人口比重下降对体育用品业发展的影响 [J]. 成都体育学院学报, 2014, 40 (9): 1-6.
[5] 董宁. 人民币升值背景下我国体育用品制造业转型升级路径探析 [J]. 山东体育学院学报, 2014, 30 (5): 23-27.
[6] 邢中有. 我国体育用品制造企业转型升级研究 [J]. 上海体育学院学报, 2015, 39 (3): 12-17.
[7] 李军岩, 程文广. 我国体育用品企业战略转型演化轨迹的案例研究 [J]. 沈阳体育学院学报, 2015, 34 (6): 35-40.

著的正向影响,并且建议加快提升研发创新能力,进一步夯实生产性服务业的发展[1]。许春蕾依据企业战略转型理论,实证分析了我国体育用品上市公司产品战略转型的影响因素与企业经营绩效之间的关系,提出未来我国体育用品企业产品战略转型的方向及对策[2]。李碧珍等以特步、安踏、361°等企业为典型案例,对其上游产业链服务化、下游产业链服务化、上下游产业链服务化等领域进行了探索,推动了福建体育用品制造业向服务化转型[3]。

综上所述,尽管上述文献已经较全面地探讨了我国体育用品制造业转型升级的相关理论和实践问题,但是仍然存在值得完善的地方。其一,现存大多数文献是从劳动年龄人口、人民币升值、研发创新、外商投资及对外贸易等视角切入的,笼统地分析了其对我国体育用品制造业转型升级的影响机制,但是理论阐释成分较多,实证研究相对不足;其二,绝大多数研究选择对国家体育用品制造业的总体层面数据进行分析,而较少采用我国体育用品制造业的省际面板数据;其三,我国体育用品制造业的劳动密集性质导致劳动力成本上升给企业运营带来巨大压力,但是目前还较少有从劳动力成本上升的视角出发,实证分析其对我国体育用品制造业转型升级的影响。因此,本章尝试选取我国体育用品制造业的省际面板数据进行实证分析,以弥补现有研究的不足。

第二节 我国劳动力成本的定性分析

一、我国劳动力供给现状

根据资料显示,2001年末我国(除港、澳、台地区)总人口数量为12.76亿,其中65周岁及以上人口0.91亿,占比为7.1%。截至2017年末,这3项人口学统计指标已变为13.90亿、1.58亿和11.40%。2001—2017年,我国(除港、澳、台地区)总人口数上涨8.93%,65周岁及以上人口增幅高达73.63%,表明国内老年人口的增速远高于总人口。按照联合国标准,65周岁及以上人口占总人口的7%,

---

[1]谈艳,张莹,陈颇.中国体育用品制造业转型升级的影响因素研究——基于省(市)级面板数据的实证[J].沈阳体育学院学报,2017,36(1):38-42.
[2]许春蕾.体育用品上市公司产品战略转型影响因素的实证研究——基于2008—2015年面板数据[J].北京体育大学学报,2017,40(5):22-27,33.
[3]李碧珍,李晴川,程轩宇,等.价值链视域下体育用品制造业服务化转型路径及其实践探索——以福建省为例[J].福建师范大学学报(哲学社会科学版),2017(5):16-27.

意味着该国家（地区）进入了老龄化社会阶段，同时结合近些年的统计数据也不难得出，目前我国人口老龄化问题已经非常突出。如图8-1所示，1997—2016年，我国人口出生率持续下滑，人口死亡率基本保持稳定，导致人口自然增长率持续下降，2009—2013年和2015年更是跌破了5‰。国家统计局数据显示，2014年，我国15~64岁适龄劳动人口的绝对数值几十年第一次出现下滑，并且连续3年减少。

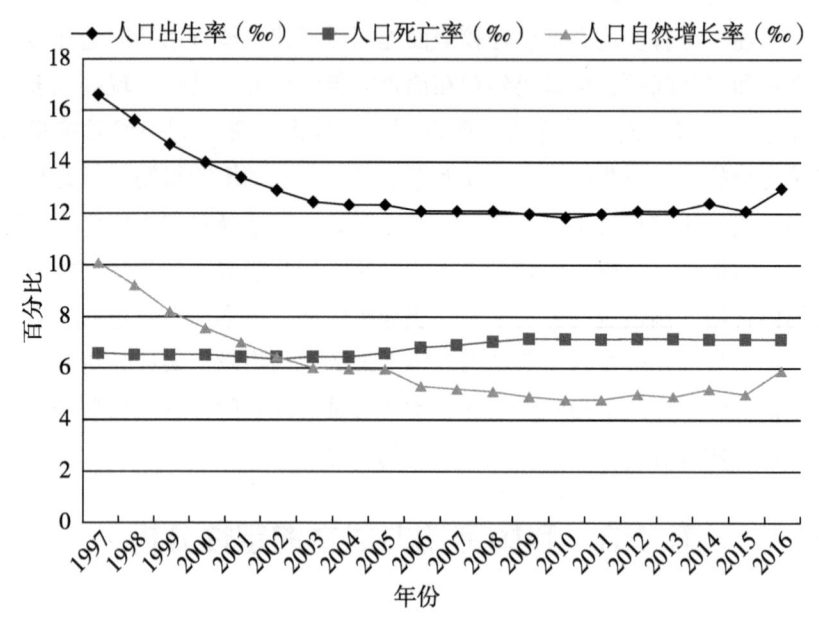

图8-1　1997—2016年我国人口出生率、死亡率和自然增长率变动特征
数据来源：国家统计局官网。

另外，随着居民生活水平的日渐提升，人们对休闲娱乐的需求越来越强烈，更注重生活品质，使个人劳动参与时间趋于减少。文化教育程度的不断攀升，使青少年获取教育的机会增多，劳动参与年龄则相应推迟。网络信息技术快速发展，投资环境更加优化，人们对直接参与劳动获取经济收入的依赖性降低。由此可以看出，突出的人口老龄化问题，持续降低的人口出生率及其自然增长率，导致适龄劳动人口减少，受客观外部环境影响，进一步加剧了我国劳动力供给短缺的困境[①]。

[①] 孙志贤，刘春生，李昕仪. 劳动力成本上升对中国制造业出口的影响——基于制造业26个行业的实证研究 [J]. 财政科学，2017，19 (7)：99-107.

二、我国劳动力成本演变趋势

在当前我国劳动力供给短缺的现实环境下，依据劳动力供求基本法则，劳动力供给速度减慢时，必将导致劳动力市场短缺，引发劳动力成本上升。随着我国教育事业的普及化程度越来越高，劳动力的综合素质全面提升，劳动力再生产的费用不断增加。因此，劳动力成本上升已是大势所趋，我国的工资水平大幅上涨已是不争的事实。以我国制造业为例，由图 8-2 可知，我国制造业城镇单位就业人员平均工资从 2006 年的 18225 元增至 2016 年的 59470 元，提高了约 2.26 倍，即使受 2008 年全球金融危机的影响，我国制造业城镇单位就业人员的平均工资仍保持着高速增长态势，年均增长率高达 12.61%，且制造业城镇国有单位、集体单位及私营单位就业人员平均工资都表现出相同的演变趋势。通过跨国比较分析发现，2006—2016 年以来，泰国、印度、越南、印度尼西亚、菲律宾等亚洲国家的制造业工资水平也维持着较快的增长速度，但是制造业工资的绝对总量则远远低于中国[1][2]。

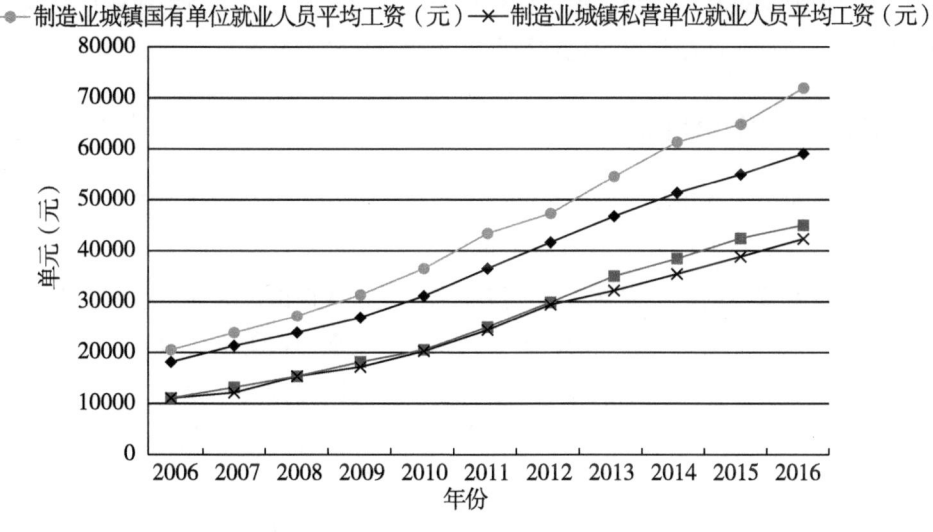

图 8-2 2006—2016 年我国制造业城镇单位就业人员平均工资演变趋势

---

[1] 孙志贤，刘春生，李昕仪. 劳动力成本上升对中国制造业出口的影响——基于制造业 26 个行业的实证研究 [J]. 财政科学，2017, 19（7）：99-107.
[2] 郑振雄，周明龙. 劳动力成本上升对出口竞争力影响实证研究——基于制造业面板模型 [J]. 福建江夏学院学报，2016, 7（3）：6-13.

第三节　劳动力成本上升对我国体育用品制造业转型升级的影响机制

一、收入作用机制

从企业运营角度来讲，劳动力成本的高低决定了企业绩效水平的优劣，是企业运营过程中非常重视的一个要素。就劳动者视角而言，劳动力成本上升意味着居民的工资水平将上涨，社会保障及相关福利将进一步改善。依据恩格尔系数定律，居民经济收入水平提高，社会保障及福利待遇改善，能够促进人们体育用品消费结构的优化升级。具体表现为：①消费等级从低附加值的基本体育用品消费向高附加值的品质消费转变，如购买品牌知名度更高、智能化水平更强、个性化差异更大的体育用品；②消费模式从以穿戴、训练、比赛为主的发展型消费转向以娱乐、休闲、康复、体验等为主的享乐型消费，如冰雪运动、水上运动、汽摩运动、航空运动及虚拟现实运动等消费体验。消费等级转变能促使我国体育用品制造业产品品质的提升，即行业产品从低技术水平、低附加值状态向高技术水平、高附加值状态转型升级。消费模式转变能促使我国体育用品制造业产品类型的多样化，即行业产品从单一化特征向多元化特征转型升级。

二、成本作用机制

目前，我国体育用品制造业还属于劳动密集型行业，对劳动力资源的依赖程度比较高。在劳动力成本上升已是不可逆的大趋势下，各企业必须做出相应调整，或进行变革与创新，或寻求新经济业态，或选择退出市场等，这些企业行为都将促使我国体育用品制造业的转型升级。具体表现为：①劳动力成本上升对我国体育用品制造企业产生了倒逼机制，企业可以通过技术、生产、经营、管理、销售、库存、售后服务等方面的创新和变革来积极应对劳动力成本上升，这有利于提高企业的技术水平、产品品质及运营效率等，从而带动行业内部的转型升级。②面对劳动力成本上升，体育用品制造企业可以选择迁移到劳动力成本更低的地区，并结合当地的经济、人文、地理、气候等条件进行生产再造，开发特色产品，探寻彼此间融合的新兴业态，这有助于缩小行业发展的区域差异性，实现区域之间行业结构的转型升级。③如果无法承担劳动力成本上升的风险，体育用品制造企业也可以选择退出市场，通过将已有的资本、技术、人力等资源导入其他相关行业,平衡行业之间的实力差距,促使行业组织结构的转型升级[1]。

第四节 研究方法与研究设计

一、研究方法

(一) 面板数据单位根检验

随着我国体育产业统计指标体系的日趋完善,在体育科研领域利用多个指标变量构建面板数据进行实证研究的成果已逐步呈现,面板数据的计量经济学分析将是未来国内体育产业研究的一个重要手段。因此,面板数据的单位根检验(平稳性检验)就成为计量分析过程中首要考虑的问题。最早运用面板数据进行单位根检验的是 Bhargava 等利用修正的 DW(Durbin-Watson,德宾—沃森)统计量提出了一种能检验固定效应动态模型的残差是否为随机游走的方法[2]。Abuaf 和 Jorion 基于 SUR(Seemingly Unrelated Regression,近似不相关回归)模型,采用 GLS(广义最小二乘法 Genveralized Least Squares)估计方法,又提出了面板数据单位根检验方法(SUR-DF 检验)[3]。随后,Levin、Pesaran、Taylor、Groen、Perron、Bai、白仲林等也相继提出了各种面板数据单位根检验方法,如 LLC 检验、B 检验及 IPS 检验等。通过蒙特卡罗模拟试验发现,与单变量时间序列的单位根检验相比,各种面板数据单位根检验都不同程度地提高了单位根检验功效。

(二) 面板数据协整关系检验

协整关系检验是面板数据非经典计量分析中不可回避的基本问题之一。面板数据的协整理论研究始于 1995 年,Pedroni、Kao、Chiang、Kao、Westerlund、Breitung 等学者分别探讨了面板数据的虚假回归(Spurious Regressions)与协整关系检验。纵观面板数据协整检验的相关理论研究文献,第一代是基于面板数据协

---

[1] 郑延智,黄顺春,黄靓. 劳动力成本上升对产业结构升级转型的影响研究 [J]. 华东交通大学学报,2012,29 (4): 113-117.
[2] Bhargava A, Sargan J D. Estimating dynamic random effects models from panel data covering short time periods [J]. World entific book chapters, 2006: 1635—1659.
[3] Abuaf N, Jorion P. Purchasing Power Parity in the long run [J]. The Joural of Finance, 1990, 45 (1): 157-174.

整回归检验式残差数据单位根检验的面板协整检验，即 Engle-Granger 两步法的推广。显著特点表现为：①忽略了可能存在的不可观测的共同因素，或借助可观测的共同效应克服不可观测的共同效应；②通常仅仅适用于在个体时间序列之间最多存在一个协整关系的特殊情况；③最多允许面板数据存在同期空间相关性，通常假设面板数据不存在一般的空间相关结构。第二代是从推广 Johansen 迹（trace）检验方法的方向发展起来的面板数据系统协整关系检验。与第一代面板数据协整关系检验相对应，第二代面板数据系统协整检验不仅能验证多个协整关系，还允许面板数据存在平稳的或非平稳的共同成分，即面板数据存在空间相关性。面板数据协整关系检验的早期应用主要集中于购买力平价理论的验证、经济增长收敛性实证、国际研发创新的溢出效应检验等宏观经济学问题的研究范畴。然而，随着行业经济的快速发展，针对不同行业面板数据的协整关系检验发现，经济指标变量之间的协整性分析向微观经济领域的应用研究越发广泛。因此，微观行业面板数据的协整关系检验将是具备广阔应用前景的研究工具。

（三）面板数据回归模型

在应用多元回归分析构建计量经济模型时，如果所构建的回归模型中缺失了某些不可观测的重要解释变量，使回归模型的随机误差项存在自相关。由此，回归参数的 OLS 估计量不再是无偏估计或者有效估计。然而，运用面板数据建立计量经济模型时，针对部分被忽略的解释变量可以不需要其实际观测值，能够通过控制该变量对被解释变量影响的方法获得模型参数的无偏估计。例如，当缺失的经济指标变量对被解释变量的影响不随时间变化，并且这种影响对于不同个体存在区别时，则可以在模型中设定个体效应，再采用组内估计方法，就能消除那些仅随个体变化而不随时间变化的不可观测变量的影响。由此可见，面板数据计量经济模型是社会与经济问题研究中具有重要价值的一种数据模型，其不仅可以同时利用时间序列数据和截面数据构建计量经济模型，还能更好地识别与度量单纯的时间序列数据模型和截面数据模型所不能发现的未知因素。面板数据计量经济模型可构造和检验更加复杂的行为模型，与时间序列数据分析比较，它不仅能够建立动态计量经济模型，也能够建立静态计量经济模型。该数据模型对于深入挖掘我国体育产业发展的未知研究领域将提供一定支持。

二、研究设计

（一）变量选取与模型构建

1. 被解释变量的选取

根据本章研究的实际情况，以我国体育用品制造业的转型升级（TYTU）作为被解释变量。但是，何谓转型升级，目前学术界尚未给出统一、明确的定论，对行业转型升级的测度也颇具差异。总体来看，行业转型升级的结果主要表现为：第一，行业从传统型迈向先进型或者沿着价值链不断攀升的过程，能够实现各生产、经营、管理等环节上附加值的增加；第二，行业产品的种类、品质、外观、技术等方面的变化，一般可以用新产品的产量、销售或者盈利状况来反映。因此，依据关于我国体育用品制造业转型升级的内涵阐释，并且基于前期相关研究成果①②③，对目前行业（企业）转型升级的替代指标进行了查阅，发现多数研究成果采用的是"新产品销售额""新产品销售占比""高端产品销售额占比"等指标。本研究也尝试去寻找类似的统计指标，但限于目前我国体育用品制造业统计指标体系的完整性、系统性、可得性等问题，当前国内还缺乏这类专业的统计指标数据。通过不断查找相关的文献成果，发现也有采用工业利税额、企业利税和增值税额④⑤等指标来反映行业（企业）转型升级状况。最后，本研究结合现有电子数据库资源，发现关于我国体育用品制造业的统计指标体系中存在增值税额，并且数据相对系统和完整，而其他统计指标与行业（企业）转型升级的内涵存在更大的差距，故采用"增值税额"作为我国体育用品制造业转型升级的测度变量。

---

①任志成，戴翔. 劳动力成本上升对出口企业转型升级的倒逼作用——基于中国工业企业数据的实证研究 [J]. 中国人口科学，2015（1）：48-58，127.
②陶加强. 我国物流企业劳动力成本与用工效率及转型升级——基于我国物流上市企业的数据分析 [J]. 中国流通经济，2016，30（10）：66-72.
③郑振雄，周明龙. 劳动力成本上升对出口竞争力影响实证研究——基于制造业面板模型 [J]. 福建江夏学院学报，2016，7（3）：6-13.
④孟凡峰. 生产性服务业集聚与制造业升级——基于省际面板的研究 [J]. 现代管理科学，2015（1）：57-59.
⑤孟凡峰，谢延钊. 外向型直接投资的产业升级效应研究 [J]. 现代管理科学，2015（5）：75-77.

2. 解释变量的选取

劳动力成本涵盖面较广，不仅仅局限于工资水平，通常而言是高于工资的。然而，目前国内关于劳动力成本的核算仍旧存在统计口径、数据可得性、归属范围、方法体系等问题，一些研究成果测算得出的劳动力成本数据还存在较大差距，现存研究成果更多地采用"工资水平"作为劳动力成本的度量指标。因此，本章选取我国制造业城镇单位就业人员的平均工资（Wage）作为劳动力成本的替代变量。

3. 控制变量的选取

为了确保研究的科学性、客观性和严谨性，劳动力成本上升对我国体育用品制造业转型升级的影响不是两个孤立变量之间的单双向关系，也会受到诸多内部、外部因素的影响。因此，本章除了要考虑劳动力成本这一解释变量，还参考前期研究成果关于控制变量的选取依据，以宏观经济发展水平和体育用品制造业自身发展基础为切入点，在计量经济模型中具体设置了"居民消费水平（Con）""行业发展规模（Sc）""行业利润水平（Pro）""行业出口规模（Ex）""行业资本结构（Caps）"5个控制变量。其中，需要说明的是关于各控制变量的具体测度，居民消费水平选取"居民消费水平指数"作为替代变量，"行业发展规模"选取"资产总额"作为替代变量，"行业利润水平"选取"营业利润总额与当年资产总额的比值"作为替代变量，"行业出口规模"选取"出口交货值与当年总产值的比值"作为替代变量，"行业资本结构"选取"资产负债率"作为替代变量。

综上所述，本章根据3类变量的选取状况，设定计量经济模型的具体表达式如下：

$$TYTU = f(Wage, M) \qquad (8.1)$$

式中，被解释变量 TYTU 为我国体育用品制造业的转型升级；解释变量 Wage 为劳动力成本；M 为影响我国体育用品制造业转型升级的某一组控制变量，进一步转化可得出计量经济模型：

$$TYTU_t = \alpha Wage_t + \sum_{i=1}^{k} \beta_i M_{i,t} + \varepsilon_t \qquad (8.2)$$

式中，t 为不同年份；M_i 为不同的控制变量；ε 为随机误差项。因为不同变量之间的数值大小差异明显，为了消除可能存在的异方差问题，所以在计量经济分析过程中对各变量取自然对数。

（二）数据来源及预处理

本章涉及的所有数据指标分别源于清华大学图书馆官网（http://lib.tsinghua.edu.cn）、中国工业行业数据库、中宏产业研究平台（http://mcrp.macrochina.cn/MacroCy/index.html）和国家统计局官网（http://stats.gov.cn/index.htm），考察的区间为2007—2016年，研究的地域范围是中国31个省、自治区、直辖市。借鉴任志成，戴翔对样本数据的筛选方法：第一是删除缺失值明显过多的样本。第二是删除指标数值明显有误的样本。例如一些不可能为负值的变量却出现了负数的情况，包括行业固定资产总值、工业总产值、主营业务收入等。第三是删除指标数值有悖于实际情况的样本。因此，通过对样本数据的筛选，纳入研究范畴的包括中国24个省、自治区、直辖市，最终获得由1920个有效数据构成的省际行业面板数据[①]。部分原始指标原始数据如附件6所示。

第五节 实证检验与分析讨论

一、变量的平稳性检验与协整关系检验

为了避免检验方法的不合理对实证结果造成负面影响，本章同时采用LLC、IPS、ADF-Fisher和PP-Fisher 4种检验方法进行样本数据的单位根验证，结果参见表8-1。对4种平稳性检验方法得出的指标参数进行比较，发现7个变量的原数据存在未能通过平稳性检验的情况，但是经过一阶差分处理后，所有变量均通过了平稳性检验，拒绝存在单位根的原假设。由此，能够得出7个指标变量都属于一阶单整序列。

表8-1 样本数据的平稳性检验结果

变量	LLC 检验	IPS 检验	ADF-Fisher 检验	PP-Fisher 检验
LnTYTU	-1.51394 (0.0650)	2.38519 (0.9915)	19.4533 (0.9999)	17.7133 (1.0000)

[①] 任志成，戴翔. 劳动力成本上升对出口企业转型升级的倒逼作用—基于中国企业数据的实证研究[J]. 中国人口科学，2015（1）：48-58.

续表

变量	LLC 检验	IPS 检验	ADF-Fisher 检验	PP-Fisher 检验
△LnTYTU	-12.3603*** (0.0000)	-4.38809*** (0.0000)	109.249*** (0.0000)	158.757*** (0.0000)
LnWage	-8.96111*** (0.0000)	-0.49966 (0.3087)	55.1965 (0.2212)	138.313*** (0.0000)
△LnWage	-7.91002*** (0.0000)	-2.73257*** (0.0003)	82.3074*** (0.0001)	76.7034*** (0.0005)
LnCon	-7.13726*** (0.0000)	-3.63012 (0.0682)	95.6101*** (0.0001)	118.665*** (0.0000)
△LnCon	-21.9305*** (0.0000)	-9.88522*** (0.0000)	188.981*** (0.0000)	240.475*** (0.0000)
LnSc	-1.44778 (0.0738)	2.75431 (0.9971)	19.7104 (0.9999)	19.4356 (0.9999)
△LnSc	-15.3079*** (0.0000)	-5.35373*** (0.0000)	123.134*** (0.0000)	159.252*** (0.0000)
LnPro	-4.33129*** (0.0000)	1.48376 (0.9311)	32.4616 (0.9581)	26.7446 (0.9945)
△LnPro	-16.5851*** (0.0000)	-6.35251*** (0.0000)	138.992*** (0.0000)	202.069*** (0.0000)
LnEx	-1.64734* (0.0497)	2.41039 (0.9920)	21.6924 (0.9996)	36.3582 (0.8908)
△LnEx	-22.7521*** (0.0000)	-8.00173*** (0.0000)	152.485*** (0.0000)	167.987*** (0.0000)
LnCaps	-6.71519*** (0.0000)	-2.11106 (0.0574)	79.5132** (0.0029)	107.915*** (0.0000)
△LnCaps	-19.6811*** (0.0000)	-6.58216*** (0.0000)	135.183*** (0.0000)	202.999*** (0.0000)

*、**、*** 分别表示在10%、5%、1%的水平上显著，括号内的数据为 P 值。

运用 Pedroni 检验与 Kao 检验方法，对变量（LnTYTU、LnWage、LnCon、LnSc、LnPro、LnEx、LnCaps）之间的协整关系进行检验，结果如表8-2。根据 Pedroni 检验结果，绝大部分参数统计量在1%的显著性水平上拒绝了原假设，Kao 检验也在1%的显著性水平上拒绝了原假设。因此，说明这7个指标变量之间存在协整关系。

表 8-2 面板数据的协整关系检验结果

检验方法		No Weighted（非加权）		Weighted（加权）	
		Statistic	Prob.	Statistic	Prob.
Pedroni 检验	Panel v-Statistic	3.181526***	0.0007	-3.073825***	0.0009
	Panel rho-Statistic	7.227970	1.0000	7.023933	1.0000
	Panel PP-Statistic	-8.624225***	0.0000	-14.54936***	0.0000
	Panel ADF-Statistic	-7.879740***	0.0000	-9.804230***	0.0000
	Group rho-Statistic	9.139266	1.0000	—	—
	Group PP-Statistic	-25.43767***	0.0000	—	—
	Group ADF-Statistic	-12.00505***	0.0000	—	—
Kao 检验		—	-9.248287***	0.0000	

*** 表示在 1% 的水平上显著。

二、劳动力成本上升对我国体育用品制造业转型升级的总体影响

采用 OLS 进行模型估计，面临的一个重要问题就是变量之间可能存在内生性。例如，劳动力成本上升可能会促使我国体育用品制造企业进一步加大创新投入力度，提高产品核心技术含量，优化经营管理模式，从而缓解因劳动力成本上升对行业造成的负面影响。然而，从另外一个角度来讲，当企业产品技术水平不断提升，具备更高的生产经营效率时，高级人才的需求量将增多，这也可能导致支付更高的工资水平，进而抬高行业整体劳动力成本。考虑到变量之间可能存在的内生性关联问题，本章运用完全修正最小二乘法（Full Modified Ordinary Least Square，FMOLS）对理论模型进行估计，结果见表 8-3。

表 8-3 总体影响效应的 FMOLS 模型估计结果

解释变量	体育用品制造业增值税额（LnTYTU）					
	模型 1	模型 2	模型 3	模型 4	模型 5	模型 6
LnWage	4.209770*** (13.51528)	3.849952*** (13.00563)	1.444717*** (3.383561)	0.863295** (2.493399)	0.848798** (2.575560)	0.754673** (2.330758)
LnCon	—	-17.28706*** (-4.603105)	-11.25213*** (-3.409312)	-9.339605*** (-3.573027)	-8.370124*** (-3.343382)	-7.936464*** (-3.241828)

续表

解释变量	体育用品制造业增值税额（LnTYTU）					
	模型1	模型2	模型3	模型4	模型5	模型6
LnSc	—	—	0.614665*** (7.151909)	0.182359** (2.085322)	0.076360 (0.823190)	0.089935 (0.993290)
LnPro	—	—	—	0.522733*** (7.966083)	0.477917*** (7.383505)	0.471096*** (7.451437)
LnEx	—	—	—	—	0.235911** (2.465299)	0.220974** (2.366891)
LnCaps	—	—	—	—	—	−0.402310** (−2.421053)
R^2	0.890117	0.906088	0.936713	0.953338	0.955955	0.956114
Adjusted R^2	0.874326	0.891945	0.926740	0.945656	0.948389	0.948258

解释变量	模型7	模型8	模型9	模型10	模型11	模型12	模型13
LnWage	0.651973** (2.339159)	0.908117*** (3.089982)	1.207654*** (3.072267)	0.759456** (2.239132)	0.846360*** (2.758844)	2.129851*** (5.868225)	3.992241*** 12.57595
LnCon	—	−8.132288*** (−3.376868)	−9.387951*** (−3.105931)	−8.811222*** (−3.456887)	—	—	—
LnSc	0.117935 (1.256143)	—	0.391058*** (3.860270)	0.189291** (2.226101)	—	—	—
LnPro	0.484481*** (7.349008)	0.501436*** (8.847626)	—	0.512359*** (8.013342)	0.525678*** (8.884034)	—	—
LnEx	0.243588** (2.522578)	0.250306*** (3.029219)	0.360594*** (3.246883)	—	0.283320*** (3.344498)	0.644430*** (7.197542)	—
LnCaps	−0.453544*** (−2.625381)	−0.384022** (−2.338911)	−0.486417** (−2.375231)	−0.435755** (−2.500014)	−0.433048** (−2.529695)	−0.504336** (−2.263081)	−0.707501** (−2.501270)
R^2	0.952554	0.955462	0.944401	0.953552	0.951487	0.932644	0.891948
Adjusted R^2	0.944404	0.947811	0.934850	0.945573	0.943500	0.922030	0.875675

、*分别表示在5%、1%的水平上显著，括号内的数据为T值。

由表8-3可知，从模型的拟合效果来看，模型1~13中的解释系数（R^2）和调整解释系数（Adjusted R^2）均在0.87以上，参数联合检验的F统计量也都满足显著性水平要求，表明各模型具备较强的说服力。就模型1而言，在不考虑其他控制变量的情况下，劳动力成本的系数估计值为正，且在1%的显著性水平

第八章　劳动力成本上升对我国体育用品制造业转型升级的影响

上对体育用品制造业增值税额具有积极影响，说明劳动力成本上升对我国体育用品制造业的转型升级存在倒逼作用。从模型2~13来看，在逐步纳入其他控制变量的情况下，虽然劳动力成本的系数估计值的大小发生了一定变化，但是对体育用品制造业增值税额影响的方向和显著性水平并未出现实质性改变，均具有正向影响效应，且都通过了5%的显著性水平检验。因此，该结果在一定程度上说明劳动力成本上升对我国体育用品制造业加快实现转型升级具有积极影响。

就各控制变量而言，居民消费水平的系数估计值在各模型的回归结果中均为负值，并且在1%的显著性水平上表现出消极影响，说明居民消费水平对我国体育用品制造业的转型升级具有显著的负面作用。目前，国内的总体消费水平仍处于中等偏低阶段，而体育用品消费主力还处于从低端产品消费向中高端产品消费的过渡进程中，居民体育用品消费结构有待持续优化。因此，由工资上涨引致的消费水平升级尚未成为推动我国体育用品制造业转型升级的积极要素。

行业发展规模的系数估计值在各模型的回归结果中都是正值，但在5%的显著性水平上没有完全通过检验，说明行业发展规模对我国体育用品制造业转型升级的积极影响还存在不稳定性。行业发展规模的不断扩张，有利于创新经营与管理模式，提高行业产出效率，加快行业转型升级步伐，然而，当行业发展规模扩张到某一临界点之后，对实现行业创新驱动战略也可能会带来负面影响，行业产出效率难以进一步提高，从而阻碍行业转型升级步伐。

行业利润水平的系数估计值在各模型的回归结果中均为正值，并且在1%的显著性水平上全部通过检验，说明行业利润水平对我国体育用品制造业的转型升级具有非常显著的积极影响。盈利水平的高低直接影响到行业转型升级的态度与过程，当盈利水平较低或者出现负增长时，则可以坚定行业加快实现转型升级的决心，当盈利水平较高时，则可以为行业转型升级提供良好保障。

行业出口规模的系数估计值在各模型的回归结果中也都是正值，且均在5%的显著性水平上通过检验，说明行业出口规模对我国体育用品制造业的转型升级具有显著的积极影响，在一定程度上也验证了国内体育用品行业可能存在"出口学习效应"的论断。

行业资本结构的系数估计值在各模型的回归结果中均为负值，并且在5%的显著性水平上全部通过检验，说明行业资本结构对我国体育用品制造业的转型升级具有显著的消极影响。资产负债率作为行业资本结构的一个重要测度指标，若行业资本负债水平过高，对行业的资金周转、运营管理、产出效率、偿债能力等方面将产生不利影响,行业的转型升级步伐也必然受阻。

综上所述,不管是否考虑其他客观控制变量,劳动力成本上升对我国体育用品制造业的转型升级均具有显著的积极影响,即存在劳动力成本上升对我国体育用品制造业实现转型升级的倒逼作用。从各控制变量来看,居民消费水平和行业资本结构对我国体育用品制造业转型升级具有显著的负面影响,行业利润水平、行业出口规模与行业发展规模对我国体育用品制造业的转型升级则具有显著的正面影响,但是行业发展规模的积极影响效应存在不稳定性。

三、劳动力成本上升对体育用品制造业转型升级影响的区域差异

区域经济的非平衡性是当今中国社会发展的一个显著特征。毋庸置疑,我国东部沿海地区经济发展水平较高,中西部地区经济发展水平则相对较低。近年来,随着国内劳动力成本的不断上涨,不同地区的体育用品制造业选择了具有针对性的战略措施。例如,东部地区的一些企业利用资金、技术、研发、管理等优势进行了创新,西部地区的一些企业则通过整合人力、环境、人文等资源进行了改革。这种由于区域经济发展的非平衡性特征,使不同地区体育用品制造业的转型升级受劳动力成本上升的影响程度也可能存在差异性。鉴于此,为了进一步考察我国不同区域劳动力成本上升对体育用品制造业转型升级影响的差异性,本章首先将全国划分为东部地区和中西部地区,再分别运用 FMOLS 对理论模型进行估计,结果见表 8-4。

表 8-4　分区域的 FMOLS 模型估计结果

解释变量	东部地区		中西部地区	
	模型 14	模型 15	模型 16	模型 17
LnWage	3.878057 *** (11.44396)	0.177876 (0.731704)	4.440547 *** (9.372786)	0.962126 * (1.882012)
LnCon	—	-2.841536 (-1.316351)	—	-9.349134 *** (-2.705394)
LnSc	—	0.330947 *** (3.652648)	—	0.082473 (0.664881)
LnPro	—	0.468721 *** (7.744928)	—	0.470082 *** (5.444403)

续表

解释变量	东部地区		中西部地区	
	模型 14	模型 15	模型 16	模型 17
LnEx	—	0.195838*** (2.943824)	—	0.175494 (1.193041)
LnCaps	—	0.616651*** (2.932578)	—	−0.521658** (−2.393109)
R^2	0.893442	0.984065	0.862396	0.922392
Adjusted R^2	0.877999	0.980330	0.858206	0.906364

*、**、***分别表示在10%、5%、1%的水平上显著，括号内的数据为 T 值。

由表8-4可知，模型14～17的解释系数（R^2）和调整解释系数（Adjusted R^2）都在0.85以上，参数联合检验的 F 统计量也均达到显著性水平要求，说明各模型的拟合效果较好。就模型14和模型16而言，在不考虑其他控制变量的情况下，东部地区与中西部地区劳动力成本的系数估计值均显著为正，表明东部地区和中西部地区的劳动力成本上升对体育用品制造业的转型升级具有显著的积极影响。这也在理论层面上说明两大区域劳动力成本上升对体育用品制造业的转型升级存在倒逼作用，但是在现实环境中，劳动力成本上升不可能是影响我国体育用品制造业转型升级的唯一要素。

通过模型15和模型17可知，在纳入其他控制变量的情况下，就东部地区而言，劳动力成本的系数估计值为正，但是没有通过显著性水平检验，表明劳动力成本上升对体育用品制造业转型升级不具有显著的积极影响，即不存在明显的倒逼作用。就中西部地区而言，劳动力成本的系数估计值也为正，且在10%的显著性水平上通过检验，说明劳动力成本上升对体育用品制造业的转型升级具有显著的正面影响，即存在较为明显的倒逼作用。因此，这在一定程度上佐证了不同区域的劳动力成本上升对体育用品制造业转型升级的影响效应是存在区别的。

较东部地区而言，中西部地区的劳动力成本上升对体育用品制造业转型升级的影响更为显著。一方面，可能是由于中西部地区大开发的国家产业政策支持，使得中西部地区投资环境日益改善，经济增长总量不断提高，工资收入水平大幅提升，劳动力成本的上涨幅度不比东部地区弱；另一方面，可能是中西部地区的劳动力资源不再具备明显的比较优势，2017年中国人口大迁移虽已发生根本性转折，但是经历了2016年之前的迁移所形成的人口分布特征是难以在短时期内发生变化的,从我国人口密度等高线来看,京津冀、长三角及珠三角三大城市群落的人口密度最高,中原地区的人口也比较密集,重庆与成都是两个人口高密度点,这些人口高密度区域的相当一部分人群是来自我国中西部地区的劳动力人口,劳动力人口的持续迁移削弱了中西部地区劳动力资源的比较优势,导致劳动力成本上升对中西部地区体育用品制造业的转型升级产生了显著影响。

本章采用了FMOLS,就劳动力成本上升对我国体育用品制造业转型升级的总体影响效应及区域差异性进行了实证检验。为进一步确保所得结论的可靠性与稳定性,根据设定的理论计量模型,再借助删截回归模型(Censored Regression Models)和截断回归模型(Truncated Regression Models)对样本数据进行估计。实证结果发现,不管是否考虑控制变量,劳动力成本的系数估计值均为正,并且在5%的显著性水平上通过检验,说明劳动力成本上升对我国体育用品制造业的转型升级具有显著的积极影响,即存在倒逼效应。就各控制变量而言,除居民消费水平外,其余4个控制变量的系数估计值的正负向及其显著性水平均未发生实质性变化,这与得出的实证结果基本吻合。由此,说明通过FMOLS就劳动力成本上升对我国体育用品制造业转型升级的影响效应展开实证检验,所得出的回归模型与拟合结果是可靠和稳定的。

第六节 小 结

(1)就劳动力成本上升对我国体育用品制造业转型升级的总体影响效应而言,不管是否考虑其他客观控制变量,劳动力成本上升对我国体育用品制造业的转型升级均具有显著的积极影响,即存在劳动力成本上升对我国体育用品制造业实现转型升级的倒逼作用。从各控制变量来看,居民消费水平与行业资本结构对我国体育用品制造业转型升级具有显著的负面影响,行业利润水平、行业出口规模及行业发展规模对我国体育用品制造业的转型升级则具有显著的正面影响,但是行业发展规模的积极影响还存在一定的非稳健性。

(2)就劳动力成本上升对我国体育用品制造业转型升级影响的区域差异性而言,在不考虑其他客观控制变量的前提下,东部地区和中西部地区劳动力成本上升对我国体育用品制造业的转型升级均具有显著的积极影响,从理论层面反映出倒逼作用机制存在。然而,当纳入其他客观控制变量之后,东部地区劳动力成本上升对我国体育用品制造业的转型升级不具有显著的积极影响,但是中西部地区则具有显著的积极影响，即存在明显的倒逼作用机制，从而证实不同区域的劳动力成本上升对我国体育用品制造业转型升级的影响效应是存在区别的。

（3）采用了删截回归模型和截断回归模型对总体样本数据进行重新估计。从实证结果发现，不管是否考虑其他客观控制变量，劳动力成本上升对我国体育用品制造业的转型升级仍具有显著的积极影响，倒逼作用机制比较明显，绝大部分控制变量的系数估计值的正负方向及显著性水平也没有发生实质性改变。由此，说明本章通过理论研究设计和实证检验所得出的面板数据回归模型及拟合结果是比较可靠的。

第九章 结论、建议与展望

第一节 结论与建议

一、结论

（1）本研究围绕我国体育用品制造企业的盈利能力、成长能力、运营能力和偿债能力4个方面，对2012—2015年我国不同登记注册类型的体育用品制造企业的主要财务指标进行比较分析。结果显示：我国体育用品制造企业的整体盈利水平实现正向增长，盈利能力强弱顺序为集体企业、私营企业、股份制企业、外商和港澳台投资企业、股份合作制企业及国有企业；我国体育用品制造企业增长速度较快，成长能力强弱顺序为国有企业、集体企业、私营企业、股份制企业、外商和港澳台投资企业、股份合作制企业；我国体育用品制造企业运营能力的强弱顺序为集体企业、股份合作制企业、私营企业、国有企业、外商和港澳台投资企业、股份制企业；我国体育用品制造企业偿债能力的强弱顺序为集体企业、股份合作制企业、国有企业、外商和港澳台投资企业、股份制企业和私营企业。总体而言，近些年来，我国集体所有制体育用品制造企业的各方面能力均较强，但是其余5类企业在各方面能力上的强弱差异性过大，两极分化问题非常突出。

（2）近些年来，随着国家相继出台一些重要促进体育产业发展的文件与政策，我国体育产业迎来绝佳的发展机遇，为我国各类体育用品制造企业的发展壮大创造了优越环境和条件。但是，也存在主观要素与客观环境的制约，因此各类企业应注重利用不同的资源优势，克服自身不足，从而获得可持续性发展。本研究围绕企业盈利能力、成长能力、运营能力和偿债能力4个方面，比较分析了我国不同类型的体育用品制造企业的主要财务指标，虽然集体所有制体育用品制造企业的各方面的能力均比较突出，存在一些值得借鉴和参考的经验，但是，就我国体育用品制造业的整体发展而言，各种类型的企业要扬长避短，彼此相互交流与学习，积极采取更为有效的措施，逐步缓解两极分化问题，提升我国体育用品制造业的整体实力。

（3）在目前国内外新的经济发展形势下，我国体育用品制造业的转型升级势在必行。对于我国体育用品制造业转型升级综合能力的评价研究能够从不同视角展开，本研究根据我国体育用品制造业转型升级的内涵及行业发展现状，重点围绕企业财务发展状况、区域经济发展水平、技术创新程度、基础设施建设和人力资本供给5个能力要素，构建了我国体育用品制造业转型升级的综合能力评价指标体系，并以中国23个省、自治区、直辖市为实证样本，采用主成分分析和因子分析，提炼得出影响我国体育用品制造业转型升级的4个重要因素：基础设施服务和技术创新能力、人力资本供给能力、区域经济发展能力和财务竞争能力，发现我国体育用品制造业转型升级综合能力的强弱分布存在着比较显著的区域差异特征，珠三角和长三角经济区域体育用品制造业转型升级的综合能力相对更强，其次是京津冀区域，而东北地区与中西南地区体育用品制造业的转型升级综合能力整体偏弱。运用聚类分析法对我国23个省、自治区、直辖市体育用品制造业转型升级综合能力的差异性进行了深入分析，得出广东属于第一类地区，第二类地区包括江苏、浙江和山东，第三类地区包含上海、北京与福建，第四类地区包括天津、河北、山西、辽宁、吉林、黑龙江、安徽、江西、河南、湖北、湖南、广西、重庆、四川、贵州及云南16个省、自治区、直辖市。与此同时，对我国23个省、自治区、直辖市体育用品制造业转型升级的综合能力进行了排名及分析，并且对我国体育用品制造业转型升级综合能力的差异性进行了深层次探讨。

（4）本研究以2016年国家工业和信息化部颁布的《关于促进文教体育用品行业升级发展的指导意见》为依据，结合国内体育用品制造业发展现状，构建了我国体育用品制造业转型升级效果评价指标体系，并且运用多元数理统计分析方法，对2011—2016年我国体育用品制造业转型升级效果进行了定量测评，实证检验了我国实施转型升级战略前后我国体育用品制造业转型升级效果的演变情况。结果表明：从我国体育用品制造业转型升级效果的综合得分来看，2011—2012年呈快速降低状态，2012—2014年则又表现出快速增长态势，2014年以后增幅明显减弱,表现为缓慢提升态势,表明我国体育用品制造业转型升级效果总体呈现出波动性上升趋势。在 2011—2016 年我国体育用品制造业转型升级效果的历史演变过程中,2012 年和 2013 年是两个比较显著的时间拐点,体育用品制造业转型升级的两大公因子得分呈现交替领先的态势。由此,说明 2011—2016 年我国体育用品制造业转型升级效果整体较好,但是国内体育用品制造业的综合效益和规模结构两大公共因子的优化升级效果相差非常大,彼此之间仍处于非均衡协调发展状态。2014 年以前我国体育用品制造业的产品供给转型升级、产品结构转型升级和区域发展转型升级的效果较好,但是产业价值链转型升级、经营主体转型升级与境外发展转型升级的效果较差。2014 年,我国首次提出"经济新常态"发展理念以后,我国体育用品制造业的产业价值链转型升级、经营主体转型升级和境外发展转型升级的效果较显著,而其余 4 个方面转型升级效果则进展缓慢。

(5) 本研究采用我国东部、中西和西部三大经济区 2008—2015 年的面板数据,运用 Johanson 面板协整关系检验、Granger 因果关系检验与面板数据误差修正模型,实证检验了我国体育用品制造业转型升级与服务业发展之间的因果关系。研究结果表明:不管是我国东部经济发达地区,还是中西部经济落后地区,国内体育用品制造业转型升级和服务业发展之间的协同互动关系均未建立起来,三大经济区域体育用品制造业转型升级与服务业发展之间仅仅存在单向的因果关系;在我国东部、西部经济区,体育用品制造业转型升级是服务业发展的长期原因,但是在中部经济区,服务业发展则是我国体育用品制造业转型升级的长期原因。从整体来看,虽然我国作为一个体育用品制造和出口大国,由于缺乏核心技术,产品全球竞争力较弱,国际话语权仍然非常有限,与国内服务业发展比较,我国三大经济区域体育用品制造业发展还处于相对较低的水平。因此,各地区要实现产业结构的优化和资源的合理配置,就要厘清我国体育用品制造业转型升级与服务业发展之间的互动作用机制和路径,从不同视角来制定两大行业的发展战略。

(6) 本研究运用 DEA 法选取 2007—2017 年省域时间序列数据作为研究样本,从综合效率、纯技术效率、规模效率及投影分析 4 个层面,对湖北"互联网+"信息技术服务业促进体育用品制造业转型升级的作用效率进行了实证检验。结果显示:2007—2017 年,湖北"互联网+"信息技术服务业促进体育用品制造业转型升级的综合效率均值较低,其中 2014 年、2015 年和 2017 年湖北信息技术服务业对体育用品制造业转型升级的作用效率达到相对有效状态，综合效率有效年份占比仅 27.27%，无效年份占比高达 72.73%。把综合效率分解为纯技术效率和规模效率并进行综合比较发现，导致湖北"互联网+"信息技术服务业促进体育用品制造业转型升级的综合作用效率整体偏低的主要原因是规模效率不高；根据总体效率测度结果，对 8 个年份的非 DEA 有效决策单元进行投影分析，湖北体育用品制造业转型升级的 3 项产出指标（主营业务税金及附加、利润总额、应交增值税）的目标投影数值较原始数值均有明显提升，体育用品制造业转型升级的产出指标仍具有较大的增长空间；2007—2017 年，湖北"互联网+"信息技术服务业对体育用品制造业转型升级的业务结构、经济效益和创新能力的促进效率表现出相似的动态演变轨迹。其中，"互联网+"信息技术服务业在促进湖北体育用品制造业转型升级创新能力增强方面发挥了较高的作用，但在业务结构优化、经济效益提升方面的作用效率还有待进一步提高。

（7）本研究基于中国 31 个省、自治区、直辖市 2007—2016 年体育用品制造业的行业面板数据，在综合考虑居民消费水平、行业发展规模及资本结构等因素的前提下，就劳动力成本上升对我国体育用品制造业转型升级的影响进行了实证检验。结果表明：不管是否考虑其他客观的控制变量，劳动力成本上升对我国体育用品制造业的转型升级均具有显著的积极影响，即存在劳动力成本上升对我国体育用品制造业实现转型升级的倒逼作用。从各控制变量来看，居民消费水平和行业资本结构对我国体育用品制造业转型升级具有显著的负面影响，行业利润水平、行业出口规模与行业发展规模对我国体育用品制造业的转型升级则具有显著的正面影响，但是行业发展规模的积极影响还存在一定的不稳定性。就劳动力成本上升对我国体育用品制造业转型升级影响的区域差异性而言，在不考虑其他客观的控制变量的前提下，东部地区和中西部地区劳动力成本上升对我国体育用品制造业的转型升级均具有显著的积极影响，从理论层面上反映出倒逼作用机制存在。然而，当纳入其他客观控制变量后，东部地区劳动力成本上升对我国体育用品制造业的转型升级不具有显著的积极影响，但中西部地区则具有显著的积极影响，即存在明显的倒逼作用机制，从而证实不同区域的劳动力成本上升对我国体育用品制造业转型升级的影响效应是存在区别的；采用删截回归模型和截断回归模型对总体样本数据进行重新估计。从实证结果发现，不管是否考虑其他客观的控制变量，劳动力成本上升对我国体育用品制造业的转型升级仍具有显著的积极影响，倒逼作用机制比较明显，绝大部分控制变量的系数估计值的正负方向及显著性水平也没有发生实质性改变。由此，说明通过理论研究设计和实证检验所得出的面板数据回归模型及拟合结果是比较可靠的。

二、建议

（一）推动我国各类体育用品制造企业发展的建议

本研究对我国体育用品制造企业的盈利能力、成长能力、运营能力及偿债能力4个方面进行比较分析，可明显得出，2012—2015年，集体企业在各方面的能力上均位居前列，但其余5类企业在各方面的能力上所表现出的强弱差异性过大，两极分化问题非常突出。这将不利于体育用品制造业的整体发展，阻碍我国体育产业宏观发展战略目标的实现。鉴于此，根据新常态下我国经济发展的基本特征，提出如下几个方面的对策。

1. 促进企业组织形式转型，提升规模化经营效率

积极推进私营（家族）体育用品制造企业向股份有限公司、有限责任公司转变，已经进行股份有限公司、有限责任公司转变的企业，应从传统市场竞争模式逐步进入集成整合力思维引导下的市场竞争模式，由以产品生产技术为主转型到广泛运用互联网技术、信息工程、企业资源计划等新兴技术，合理、充分利用和配置各种资源，不断发展和壮大自身规模。各种组织形式的体育用品制造企业可根据自身的实际经营状况，通过提高生产发展资金提留、金融借贷、上市交易及引入战略投资等方式加大生产投入，并通过战略联合、业内并购、资产租赁与重组等实现企业规模扩张，逐步提升我国体育用品制造企业的整体规模化经营效率。

2. 构建产学研战略联盟体系，大力推进协同创新

目前我国体育用品制造企业、科学研究院（所）及高校科研机构（教师）等之间的合作日趋频繁，但是合作层次较低，合作内容较单一，合作范围较窄，合作的组织形式也不够规范。构建产学研战略联盟体系，深入开展协同创新合作，不仅能够通过战略联盟体系为各类体育用品制造企业输送更加专业化的人才，还可以为高校学生就业提供更多机会，为科研院所（机构）带来研发资金支持等，从而实现我国体育用品制造企业在科学研发、学生培养、产品增值等方面的协同进步。

第九章 结论、建议与展望

3. 与创新创业紧密结合，抢占体育用品制造制高点

根据《中国体育产业发展报告》（2014）和中国体育用品联合会统计显示，2014年，体育产业总产值约3500亿元，超过50%依赖体育用品业，其出口总额突破200亿美元，占全世界总量的60%左右，中国已成为全球体育用品制造大国，但是我国体育用品制造企业转型升级的任务也相当紧迫。创新创业能够拓宽中小型体育用品制造企业的发展空间，大型体育用品制造企业也能够通过创新创业优化生产、经营、管理及营销模式。依据我国体育用品制造企业的不同所有制形式，应把各类企业改革与创新创业结合起来，紧紧抓住国家实施《中国制造2025》行动纲领的机遇，准确定位市场需求，努力推进我国体育用品制造业的智能转型，抢占体育用品制造制高点，提升企业核心竞争力，勇于面对全球化市场竞争挑战，不断彰显我国体育用品性价比高的优势。

4. 强化品牌建设，提升品牌营销能力

各类体育用品制造企业要根据自身资源优势，通过整合内外资源，培育品牌创新团队，提升企业品牌竞争力。具体而言，一方面，长期进行OEM代工业务的中小型体育用品制造企业应该树立品牌意识，设计和实施品牌战略发展规划。坚持差异化竞争战略，摒弃传统的模仿、抄袭、剽窃等同质化竞争思维，明确企业产品的差异化特征，科学地进行市场细分。另一方面，拥有自主品牌的大型体育用品制造企业则应牢固树立品牌国际化思维，可通过构建海外体育营销网络，申请国际标准认证，建立全球战略合作伙伴，通过进行海外注册商标及海外并购等形式推动我国体育品牌的国际化进程。

5. 政府部门加大基金扶持力度，企业增加研发经费投入

各级政府部门可以尝试建立体育用品制造业专门的财政制度，包括财政收支预算，能够支持各类体育用品制造企业持续创新的长效发展机制，并进一步完善税收补贴、税收减免等优惠政策，对于一些环境友好型体育用品制造企业给予一定的财政补贴。虽然我国作为体育用品制造、加工和贸易大国，但是与全球知名体育用品制造品牌相比，仍然存在产品核心技术不足、品牌的顾客美誉度与忠诚度不够、市场同质化竞争严重、市场营销及推广技术薄弱等问题，导致消费者对本国体育用品制造品牌缺乏信心。因此，政府部门对国有体育用品制造品牌的采购必须更加积极主动，这不仅能为我国各类体育用品制造企业的持续创新发展带来保障与信心，还可以促使国内体育用品制造业整体创新能力的提升。

6. 加大核心人才培养力度，引入国际化人才

与国外体育用品制造强国相比，不管是在产品技术研发创新方面，还是在企业经营管理、市场运营及品牌管理等方面，我国的领军型人才均非常稀少，尤其缺乏掌握产品核心竞争力的专业技术人才。然而，人才又是推动我国体育用品制造业转型升级的不竭动力，还是实现国内体育产业宏观发展战略目标的关键要素。因此，需要政府、企业及相关机构等创造良好的创新环境，加大核心人才培养力度。同时，政府与行业协会可以设立相关国际信息服务中心，为各类体育用品制造企业转型升级提供信息搜集、整理、分析和决策建议等服务。通过有效的全球化人才信息搜索，能够为企业引入具备核心技术创新、市场营销及品牌管理能力等的国际化人才奠定基础。

7. 破除资金约束瓶颈，营造良好的金融环境

我国体育用品制造业的发展在较大程度上还是依靠资金投入，而资金的持续稳定投入又是其实现转型升级的前提条件。目前，我国各类体育用品制造企业的融资渠道较单一，主要还是通过银行贷款获得资金支持，但是银行贷款门槛较高，手续繁多，程序复杂，办理周期较长，外加担保或者抵押不足使一些企业的融资需求不能得到完全满足，导致我国各类体育用品制造企业利用资本市场促进自身快速发展壮大的能力普遍较弱，严重制约了企业的成长空间。

8. 优化企业外部发展环境，积极应对国际贸易壁垒

我国各类体育用品制造企业应树立知识产权保护观念，建立和健全知识产权保护体系，严厉打击各种侵犯知识产权的行为。营造诚信经营的商业道德环境，严厉打击制售假冒伪劣体育用品的各类违法行为。同时，政府及相关部门可以通过广告宣传、网络传递及制度设计等形式，引导我国体育用品制造企业积极履行社会责任，主动参与社会公益事业，进而强化企业的社会美誉度。企业要注重提升产品质量，使产品符合国际环保、质量等标准认证体系，要合理运用转口贸易和出口份额许可制度等，还可通过海外投资建厂扩大出口规模，从而规避相关贸易壁垒，减少贸易摩擦。我国各级政府及行业协会应对各类体育用品国际贸易壁垒和发展趋势进行跟踪、研究，以及时制定出应对举措，也可以通过国际贸易纠纷解决机制、多边贸易体制与贸易争端仲裁机构等进行维权，保障本国体育用品

制造企业的权益。

(二) 提高我国体育用品制造业转型升级综合能力的建议

在"经济新常态"背景下，体育用品制造业的转型升级是我国经济增长方式转变的必然结果，如何提高我国体育用品制造业转型升级的综合能力，从而加快转型升级步伐，这将是我们面临的首要任务。根据本研究的实证分析结果，拟从以下几个方面提出相关建议。

1. 政府宏观调控政策的支持

为积极贯彻落实《国务院关于加快发展体育产业促进体育消费的若干意见》，目前各地方政府已经陆续出台相关应对举措，如构建体育产业发展园区、引入国内外知名体育用品制造企业等。随着我国经济发展规模总量的不断攀升，劳动力成本上升已是不可逆转的现实。然而，一些地方政府对于承接国内外业务的体育用品制造企业缺乏人力资源、投融资、就业拉动等方面的鼓励性优惠措施，致使各地方体育用品制造业发展的整体劳动力成本越来越高。另外，部分地方政府针对承接国内外订单业务的体育用品制造企业而设立的开发全球化市场的配套政策扶持力度较弱，体育用品制造企业自身的市场营销渠道也较单一，这给培育国际知名体育用品品牌带来不便。因此，为了更好地推进我国体育用品制造业的转型升级，政府应就前期关于体育用品制造业的财政支持政策、税收优惠政策、劳动力补贴政策、公共服务平台创新政策等进行适当调整，使新政策更加符合"经济新常态"下我国体育用品制造业发展的新趋势。

2. 提高我国体育用品制造业技术创新能力

就体育用品制造企业自身而言，应该积极主动加大科技创新投入力度，建立稳定的科研投入增长机制，包括研发经费投入和专业技术人才引进等，并构建相应的科技创新管理制度，从内部规范企业的科技创新活动，有针对性地支持企业相关技术、服务及产品的推广应用。另外，体育用品制造企业技术创新能力的提高，也要求企业发展重心向垂直深耕细作型转移，即实现由提供简单的来料加工、组装等业务，向开发自主核心技术产品转变。目前，伴随我国经济发展水平的不断上升，互联网络覆盖率越来越高，通信手段日渐多元化，这些新技术驱使着国内体育用品制造业相关产品的创新活动。在"互联网+"时代背景下，体育用品制造业与相关行业之间的边界逐步消融。面对一些新兴产业业态发展模式，我国体育用品制造业将迎来更大的市场发展空间。当前经济形势下，低廉的劳动力成本已经不再是中国体育用品制造业发展的主要竞争优势，要想达成其转型升级目标，就需要充分利用这些高科技网络信息技术手段，进一步延长我国体育用品制造业的价值链，并促使企业向价值链高端攀升，从而实现由价值链升级到产业转型升级的核心目标。

3. 完善我国基础设施建设及配套服务

根据本研究的实证研究结论，我国体育用品制造业转型升级综合能力排名靠前的几个省市如广东、江苏、浙江、上海、北京等，在信息技术手段、网络化普及程度、基础设施建设及相关配套服务等方面均具备较强优势，尤其是在航空、铁路、水路、公路等基础设施方面的便捷化程度较高，与国内外的经济贸易渠道较多。毋庸置疑，这将为地区体育用品制造业带来更多发展机遇，开辟更大市场空间奠定基础。另外，随着信息技术的不断创新，互联网经济获得快速发展，诸如软件、通信等信息技术已经成为推动我国体育用品制造业纵深化发展的重要手段。特别是我国体育用品制造业的产品出口、售后服务、市场营销等业务，对某一地区的互联网覆盖率与通信技术能力等基础设施条件提出了较高要求。与此同时，在"互联网+"时代背景下，网络大数据和移动互联网等新技术的迅速发展，进一步推动了我国体育用品制造业的繁荣发展。当然，这也要求各地区应更加注重对通信基站、电缆光纤、网络入户等基础设施的建设与完善。

4. 加大我国体育用品制造业人才培养力度

随着互联网信息技术的创新发展，我国体育用品制造业发展的价值链进一步延长，各企业也不断迈向产业价值链的高端，体育用品制造业向知识密集型产业转变已是大势所趋，这对某一国家（地区）相关专业人才的培养提出了更高要求。作为体育用品制造和加工贸易大国，要想在全球化市场竞争中具备话语权，提高我国体育用品制造业的产品核心技术含量是第一要务。当然，一个能够培育出高层次、高质量、专业化人才的教育培养支撑体系也是不可或缺的。目前，我国体育用品制造业发展的区域差异明显，产业规模化集聚效应有限，中高端专业化人才短缺现象突出，尤其缺乏既熟悉体育运动专业知识，又擅长市场经营管理的复合型人才，这已成为制约我国体育用品制造业快速发展的瓶颈，直接影响其转型升级的进程和效果。鉴于此，政府和企业应该加大对体育用品制造业相关人才的教育投入力度，实现与地方高等院校开展产学研相结合的联合培养模式，使高校毕业生在掌握体育运动专业知识的基础上，能够尽快熟悉我国体育用品制造业的相关实践工作。同时，也可借助专业的教育培训机构，按照我国体育用品制造企业的技能服务要求和标准，对现有人员进行系统培训，进而全面提高体育用品制造业从业人员的能力和素质。

5. 增强我国体育用品制造企业财务竞争力

在经济新常态背景下，随着我国经济增长方式的不断转变，竞争力作为体育用品制造企业战略发展的重要组成部分，其财务竞争力更是核心中的核心，已成为影响体育用品制造业转型升级的重要内部因素。一方面，我国体育用品制造企业首先应把成本控制上升到战略发展高度，严格实施全面成本控制、积极开展精细化的成本管理、完善考核评价体系、明确岗位职责、提高工作效率，从而减少不必要的成本消耗，以达到提高企业盈利能力的目标；其次我国体育用品制造企业也应增强财务风险防范意识，注重现金流的预算管理，妥当处理长短期负债的结构与比例，制订合理的还款计划，加强营运资金的规范管理，严防坏账损失风险，构建企业财务风险防御机制，降低企业财务风险发生概率。另一方面，从提升企业财务价值角度来讲，各体育用品制造企业还应根据自身内部具体情况，权衡有息负债的节税效应，进一步优化资本结构，实现企业价值的不断攀升[①②]。概言之，通过严格控制成本、调整负债结构、预防财务风险、优化资本结构等措施，提高企业的盈利能力、负债能力和运营能力等，进而全面增强企业财务竞争力，为我国体育用品制造业的转型升级奠定坚实的基础。

（三）提高我国体育用品制造业转型升级效果的建议

目前，我国体育用品制造业转型升级面临复杂形势，其成长既要承受发达国家知名体育用品品牌的强烈冲击，又要应对新兴市场国家的快速追赶。总体而言，我国体育用品制造业转型升级的任务仍非常艰巨。然而，随着国家各种促进体育产业发展的政策的密集出台，政府扶持体育产业发展的意愿非常明显，体育产业链已全面延伸，整体行业发展环境大为改观，市场化进程进一步加快，相关产业的市场开发空间巨大，体育产业发展迎来新机遇。因此，我们应牢牢把握住

---

① 李爽，赵龙，于健. 辽宁装备制造企业的财务竞争力评价——以沈阳机床为例[J]. 沈阳大学学报（社会科学版），2013, 15（3）：285-289.
② 张发洪. 企业提升财务核心竞争力的途径[J]. 经营与管理，2017（6）：58-60.

机遇，充分利用各种资源，加快提升我国体育用品制造业转型升级的水平。

1. 以产业发展新趋势为体育用品制造业转型升级的目标导向

从演进趋势来看，随着网络技术与制造业的快速融合，智能制造将是制造业发展的必然选择。目前，我国体育用品制造业的引进红利逐渐消失，企业的生存和发展更多依赖网络化的生态环境、社会化的价值创造及实时化的市场洞察[1]。国内体育用品制造业应对过去的模仿、复制与学习策略予以变革，要立足于我国经济新常态下的高起点，把产业发展新趋势作为我国体育用品制造业转型升级的目标导向。首先，就生产手段而言，在体育用品相关产品的研发、设计、制造过程中，要充分借助网络、智能和数字技术，通过降低各环节的时间消耗，减少新产品进入市场的时间成本。尝试将机器人、自动化生产线等智能化设备运用于产品的生产过程，通过云计算技术平台整合全球产业价值链，以快速适应全球化发展新趋势，逐步采用异地研发、设计，就地生产的协同化发展模式；其次，就组织方式而言，在全球化市场竞争环境下，我国体育用品制造业的行业分工更加精细化和专业化，市场半径越来越大，各种突发（危机）事件发生的概率也大幅提升，这就迫使我国体育用品制造企业的组织机构必须更具有创造性和柔性；再次，就资源配置而言，受互联网信息技术的强烈冲击，国内体育用品业相关产品技术研发、设计、生产、库存及销售等的全球化步伐日渐加快，越来越多的企业已经通过互联网络将产业价值链和生产、流通过程分解至不同国家（地区），以发挥资源配置的效益最大化；最后，就转换发展模式而言，2017年10月，习近平主席在党的十九大报告中指出"绿水青山就是金山银山"，对我国体育用品制造业实现"绿色转型"具有重要意义。从当前国内外发展趋势来看，循环、再制造产业和节能环保产业等产业价值链日益完善，"绿色制造"等清洁生产过程已经全面推广，表明我国体育用品制造业的绿色化发展目标也将成为社会共识[2][3]。

2. 通过创新驱动发展战略推进体育用品制造业转型升级

随着科学创新技术的快速进步，产业经济革命也正在不断兴起。目前，我国

---

[1] 胡迟. 制造业转型升级成效评估与发展对策 [J]. 中国国情国力，2016（9）：33-36.
[2] 胡迟. 在新常态下持续实现转型升级——制造业转型升级成效的分析与对策 [J]. 中国经贸导刊，2015（15）：48-52.
[3] 国家统计局浙江调查总队课题组，储小华，倪建春. 浙江制造业转型升级评价 [J]. 浙江经济，2015（18）：34-36.

体育用品制造业恰逢一个全新的经济发展时期，过去依靠低成本生产要素优势或通过引进技术、设备等发展的时代已一去不复返。体育用品制造业转型升级必须依托创新驱动发展战略，创新驱动是代替传统数量型竞争优势的必然选择，也是提高我国体育用品制造业国际化竞争力的重要手段。企业发展战略大师Roland和Leif通过研究发现，持续实施创新驱动发展战略是耐克（Nike）、阿迪达斯（Adidas）等国际著名品牌成功的关键因素[1]。根据财富中文网发布的世界500强企业榜单（2016年），美国Nike公司在全球排名343位，营业收入高达306.01亿美元，利润达32.73亿美元[2]。德国Adidas公司2016年财务报告显示，营业收入达192.91亿欧元，净利润为10.19亿欧元。然而，依据中国500强企业榜单（2016年），安踏体育用品有限公司中国排名442位，营业收入为111.26亿元人民币，利润为20.41亿元人民币[3]。李宁公司2016年财务报告显示，营业收入为80.15亿元人民币，利润为6.43亿元人民币。从研发创新投入看，Nike等国际品牌每年研发创新投入占销售额的10%~25%，而李宁研发创新投入仅占销售额的5%~10%。即便是在2005年，众多国内体育用品制造商的研发创新投入还不到1981年Nike的400万美元[4]。由此可见，中国知名品牌与国际著名品牌在营业收入、净利润等方面的巨大差距，关键影响因素还是企业的研发创新投入水平。以创新驱动发展战略推进我国体育用品制造业转型升级，一是体育用品制造企业应把握创新驱动的网络化、开放化和跨领域等最新趋势，积极与科研机构、高等院校等展开合作，共享创新资源，共建创新平台；二是中小型体育用品制造企业决策机制较灵活，失败成本相对较低，更适合在新产品、新技术、新工艺等方面的开发中扮演先行者角色，进而发挥其创新生力军的作用；三是充分挖掘市场的甄别作用，市场能够为创新提供目标导向，由市场主体分散决策，独立思考自己想做什么和怎么做，而非主要通过政府及其审批进行；四是政府应尽量清除各种不利于创新的制度性障碍，实施一些有助于激发企业家创新积极性的举措，努力营造一个良好的扶持创新、鼓励创新的社会氛围和环境，不断优化我国体育

---

[1] ROLAND C, LEIF M. Innovative international strategies [J]. Journal of world business, 2000 (4): 333-354.
[2] 财富中文网. 2016年财富世界500强排行榜 [EB/OL]. (2016-07-20) [2019-12-29]. http://www.fortunechina.com/fortune500/c/2016-07/20/content_266955.htm.
[3] 财富中文网. 2016年中国500强排行榜（公司名单）[EB/OL]. (2016-07-13) [2019-12-29]. http://www.fortunechina.com/fortune500/c/2016-07/13/content_266415.htm.
[4] 杨明. 中国体育用品制造产业集群创新要素结构及其作用机制研究 [J]. 体育成人教育学刊, 2015, 31 (4): 9-14, 52.

用品制造企业实施创新驱动的制度环境。

3. 采用先进标准倒逼体育用品制造业转型升级

一方面，提高体育用品制造业的标准化水平，构建先进的标准化体系。进一步提升我国体育用品制造业的国际标准转化率，使国内绝大多数体育用品制造企业的相关产品（服务）能够达到国际化标准"及格线"。不断加快体育用品制造行业关键技术的标准化研制，及时把握我国市场经济演变的最新趋势，尽快更新行业发展标准，促使体育用品制造业的产品和技术创新，力争产生一批高于国际化标准的国内本土化标准体系，构建一个引领全球发展的中国体育用品制造标准化群落，推动国内标准走向世界，从而带动我国体育用品制造走出去，逐步增强其在核心技术、产品、工艺等方面的国际话语权，激发中国体育用品制造从中低端向高端转型升级。另一方面，加强我国体育用品制造业标准化改革力度。逐渐完善政府职能部门管理模式，可结合负面清单的管理方式，不仅要在危害国家安全、人身安全、身体健康及环境保护等方面设置强制性标准，还要在材料材质、操作方法、适宜人群和零配件等方面进行严格管控。当然，还要遵守市场经济发展的基本规律，充分发挥市场的监督与导向功能。加快实现我国体育用品制造业标准化改革的目标任务，让标准化成为其产品质量的"硬约束"，迫使体育用品制造产品提质增效。加大力度培育我国体育用品制造企业的文化素养，使企业每位员工都能认真、严格、踏实地完成各细小环节，确保产品质量，进一步提高产品的可靠性和有效性，进而最终实现以先进标准倒逼中国体育用品制造业转型升级。

4. 充分发挥管理对体育用品制造业转型升级的促进作用

加强管理创新是促进企业转型升级和转变发展方式的迫切需要。根据资料显示，中央企业通过对标管理模式，发现自身在管理方面的不足，集中力量攻坚克难，有效清除了一些长期遗留的管理短板与发展瓶颈，促使经济效益增长超过1000亿元。因此，管理是企业发展永恒的主题，而管理创新则永远没有终点。就我国体育用品制造业而言，转型升级必须具备长效管理机制，强化管理创新应着重从以下3个方面入手。其一，以互联网技术为支撑，借助信息技术手段，不断开发现代信息技术对体育用品制造企业管理效率提高的重要价值，加快互联网信息技术与产品研发、流水线生产、包装工艺、库存管理等方面的深度融合，从而尽量规避体育用品制造企业在管理过程中的人为干扰因素，确保各项管理事务能够有效落实。其二，通过对标管理，努力打造一流的体育用品制造企业。国内体育用品制造企业与全球一流的体育用品制造企业开展对标管理活动，是各企业发现自身不足、明确未来努力方向的重要举措。在实际操作过程中，应注意选择可行且具有一定挑战性的目标企业，不仅要重视与标杆企业在发展硬实力（财务经营指标）和软实力的对比，还要注重对各指标所蕴含的理念、价值、用途、计算方法等方面的比较。通过与一流企业的对标管理，我国体育用品制造企业要敢于进行管理创新（变革），善于借鉴、消化及吸收。其三，我国体育用品制造企业应立足全球视野，找出其在管理思想、意识、方法、路径上与市场经济发展的矛盾点，加强引入现代企业管理制度，强化企业管理方式的现代化。通过不断创新管理模式，提高我国体育用品制造企业的管理效率。综上所述，企业无论尝试哪种管理创新方式，一定要坚持总体规划、分步开展、循序渐进的原则，做到先试点再推广，进而提高我国体育用品制造企业管理创新的成功率。

5. 通过持续实施"走出去"战略推动体育用品制造业转型升级

随着国家综合实力的不断增强，越来越多的我国企业已经"走出去"。根据资料显示，2016年，我国对全球164个国家和地区的7961家境外企业进行非金融类直接投资累计达1701.10亿美元，同比增长44.10%，对制造业投资占比从2015年的12.10%升至2016年的18.30%。2016年，国内共计56家企业在"一带一路"沿线国家已建立初具规模的合作区，累计投资185.50亿美元[1][2]。在这种新经济发展形势下，我国体育用品制造业企业应立足于高起点，继续实施"走出去"战略，更加全面地推动体育用品制造业转型升级。各体育用品制造企业必须以国家产业政策为基础，逐步融入国际化分工体系，放眼全球考虑企业未来发展前景，明确经营服务方向，探寻新的市场切入点。目前，我国体育用品制造企业加速"走出去"的一个重要动力源就是国家的"一带一路"倡议。据统计资料显示，"一带一路"沿线涉及65个国家和地区，其人口占世界总人口的63%，但经济发展规模仅占世界经济总量的29%。其中，部分国家具备充足的劳动力，自然资源丰富，历史文化悠久，而工业化发展水平较低，体育用品制造业相对滞后。尤其在一些经济落后的发展中国家，民众体育锻炼及消费意识薄弱，体育基

---

[1] 于佳欣. 2016年我国对外投资增长超四成[EB/OL]. (2017-01-16) [2019-12-30]. http://www.gov.cn/xinwen/2017-01/16/content_5160377.htm.

[2] 唐辉亮，姚玉婷. 开放经济条件下企业转型升级评价体系研究——基于沪市500家制造业上市公司数据的实证分析[J]. 对外贸易, 2016 (10): 102-105.

础设施建设严重不足。那么，我国就可以尝试体育基础设施建设先行，从而推动国内体育用品制造业有效"走出去"，逐步扩大国外市场影响力，即通过资金、产品和技术支持，带动我国体育用品制造业全面走出国门。另外，我国还可利用"一带一路"沿线国家丰富的劳动力资源、广阔的地形地貌与相关优惠政策等，在国外再打造一个"中国体育用品制造"。例如，在"一带一路"沿线相关国家开发体育用品制造业工业园区，进而拉动国内体育用品制造业出口贸易。简而言之，通过"一带一路"倡议，体育用品制造企业可稳步实现从国内发展向全球扩张的转型升级，并通过企业自身的转型升级来带动体育用品制造业整体竞争力的不断提高。因此，"一带一路"倡议无疑将成为我国体育用品制造业转型升级的重要推动力。

（四）基于服务业发展视角促进体育用品制造业转型升级的建议

我国各地区要实现体育产业结构的优化和资源的合理配置，就需要厘清体育用品制造业转型升级与服务业发展之间的互动作用机制和路径，应从互补性视角来制定两大行业的发展战略。

1. 政府要积极制定各项政策，为体育用品制造业和服务业提供良好的发展环境

党中央、国务院高度重视国民体质健康状况与体育产业发展未来，为实现区域经济的快速协调发展，各地方政府应该紧紧把握目前我国体育产业发展的大好时机，依托体育用品制造业的快速发展，并加大对服务业特别是生产者服务业的支持和扶植力度，放宽市场准入条件，降低门槛障碍，构建有助于良性竞争的市场环境，切实促进我国体育用品制造业与服务业形成相互推动、彼此支撑的紧密关系，真正意义上实现两者之间的协同互动发展，从而也促使其成为社会经济增长的新动力。

2. 发展生产者服务业，进一步延长体育用品制造业增值链

作为一款成熟的体育用品在走向市场的过程中会涉及诸多环节，如产品研发、原材料采购、模型制作、生产加工、产品包装、营销策划、产品上市、售后服务、进出口业务等。生产者服务业贯穿生产、流通、分配、仓储、消费等社会再生产环节，能够为上下游产业各环节的生产活动提供专业化的配套服务，可以明显提高生产过程中不同阶段的产出价值和运行效率。根据世界知名企业的经验表明，生产者服务业完整产业链条的形成，不仅能够为企业提供从产品研发到产品销售的全方位服务，还有助于企业在明确自身比较优势的基础之上找到适合自身发展定位的产业链环节①。因此，加快发展生产者服务业，能够促进我国体育用品制造业结构优化升级，进而提升地区体育产业竞争力与社会经济增长水平。

3. 体育用品制造业应充分发挥比较优势，积极培育核心竞争产品

随着现代化信息技术与科技手段的不断更新换代，人们的体育消费意识正在逐步增强，我国传统体育用品制造企业应该改变生产模式，转变经营理念，积极进行产品创新和组织管理创新，专注于自身的优势资源与强势环节，注重培育核心技术产品，进一步增强市场竞争力。另外，我国体育用品制造企业还可以通过生产者服务业环节外包来整合外部专业化的分工优势，推动企业内外部产业链条的优势资源互补，不断提升我国体育用品制造业的产业价值链竞争力，从而确保中国体育用品制造业与生产者服务业保持良好的动态契合，以实现二者间的协同共赢发展。

（五）基于"互联网+"视角促进体育用品制造业转型升级的建议

伴随"互联网+"信息技术手段的快速发展，其在实现我国体育产业的高质量发展方面发挥了重要作用，体育用品制造业的转型升级是体育产业迈向高质量发展的重要环节，"互联网+"信息技术对我国体育用品制造业转型升级的促进作用是非常关键的。

1. 加快信息技术服务业发展，为体育用品制造业转型升级提供高效服务保障

我国"互联网+"信息技术服务业发展起步较晚，长期以来，行业发展的"散、小、弱"总体特征比较鲜明，多数企业选择"各自为战"的发展策略，企业发展多着眼于当下利益，欠缺长远、系统的目标发展规划，尚未形成规模化、集约化发展态势。因此，从国家战略发展层面出发，需要加大政策扶持力度，在资金、税收、用地等方面给予一定优惠政策，重点帮扶中小型信息技术服务企业快速成长，不断壮大信息技术服务业发展规模。构建以政府机构为引导，推进全国各省、自治区、直辖市信息技术服务企业与高等院校、科研院所、行业协会等部门紧密合作，积极搭建产学研联盟交流平台，为"互联网+"信息技术服务业

---

① 王治，王耀中. 中国服务业发展与制造业升级关系研究——基于东、中、西部面板数据的经验证据 [J]. 华东经济管理，2010，24（11）：65-69.

发展提供科学决策支持。充分利用目前国家良好的政策环境优势，推动建立政府机构与行业主管部门协调联动的合作发展机制，努力形成推进我国"互联网+"信息技术服务业产业化发展的协同动力源。强化我国信息技术服务业的市场拓展能力，进一步扩大业务涉足范围，优化资源配置的结构和效率，全面提高市场服务能力，为我国体育用品制造业的转型升级提供高效服务保障。

2. 以供需平衡为准则，推动信息技术服务业与体育用品制造业的创新融合

在国家供给侧改革宏观发展背景下，以供需平衡为基本准则，为满足人们日益增长的物质和精神文化需求，进一步增加有效供给将是必然选择。一方面，我国区域体育用品制造业要进行自主创新，逐步由劳动密集型、资本密集型向技术密集型、知识密集型转变，实现我国体育用品制造业价值链条的不断延伸，并推动体育用品制造业从价值链低端向高端迈进。加大我国体育用品制造业研发投入力度，提高产品核心技术含量及附加值，强化品牌营销与管理，以"互联网+"信息技术服务业衍生的多元新兴业态为动力源，推进我国体育用品制造业转型升级步伐；另一方面，我国"互联网+"信息技术服务业要积极扩展多元化业务，如物流配送、数字会展、金融投资、智能管理等，在物流、营销、金融、管理等方面加强对我国体育用品制造业的渗透与融合。通过大数据、云端计算等信息平台，为我国区域体育用品制造业发展提供现代化物流服务，由 B2C（Busines To Customer，商家对顾客）、O2O（Online To Ofine，线上到线下）等电子商务平台为其提供产品营销、设计、咨询等服务。我国"互联网+"信息技术服务业要根据体育用品制造业转型升级的趋势及需求，提供有效的智能化服务，从而促进我国体育用品制造业转型升级的产出效率。

3. 加强信息技术基础设施建设，提升信息技术服务业生产要素的投入和产出效率

在我国区域体育用品制造业实现转型升级的过程中，尤其是体育用品制造业从传统型迈向"智能型"的阶段，稳固的"互联网+"信息技术基础设施是重要保障。根据网络信息技术驱动体育用品制造业转型升级的切实需要，加强信息技术基础设施建设，重点开发能够支撑云端计算、大数据、人工智能等方面的信息技术基础设施。对于我国区域经济发展水平相对落后的地区，要贯彻落实党中央的精准扶贫政策，加大贫困地区的信息技术基础设施建设，提高当地人民的生产生活信息化水平，将信息技术扶贫落实到千家万户，为全面实现我国区域体育用

品制造业的信息化、智能化发展奠定基础。随着"互联网+"信息技术服务业对我国体育用品制造业发展的渗透融合迹象越发明显，彼此之间的关联影响效应与日俱增。因此，要重视两大行业之间的产业关联效率，进一步提高我国"互联网+"信息技术服务业生产要素的投入产出效率，构建一个利于产业和谐共生的制度与经济环境，为我国区域"互联网+"信息技术服务业和体育用品制造业的协同、共赢发展创造条件。通过融合、共享与集聚发展机制，提高彼此之间的产业关联效率，带动价值链的融合，从而促进体育用品制造业的业务结构优化、经济效益提升、创新能力增强，全面推动我国区域体育用品制造业的转型升级。

（六）基于劳动力成本上升视角促进体育用品制造业转型升级的建议

在中国经济新常态背景下，劳动力成本上升已经是我国社会经济发展过程中不可逆的事实，其对国内体育用品制造业转型升级的影响也是比较显著的，应该利用劳动力成本上升所引发的积极效应来促进我国体育用品制造业的转型升级。

1. 充分发挥劳动力成本上升对行业转型升级的倒逼作用机制

随着我国经济发展水平的快速增长，社会人口结构的不断演变，居民工资水平上涨是一国（地区）经济发展的使然，也是社会经济发展的主要目标。因此，我国体育用品制造业用工成本的上升也将是必然趋势。劳动力成本上升在给我国体育用品制造业发展带来挑战的同时，其所产生的倒逼作用机制也为体育用品制造业的转型升级创造了良机。相对于东南亚国家而言，目前我国的劳动力人口资源仍占据优势，国内相关法律制度和体系相对更加健全，市场经济成熟度也相对更高，能够在一定时期内继续保持劳动力资源的国际比较优势，为我国体育用品制造业转型升级赢得更多准备时间。在依靠劳动力人口比较优势的同时，还可以居民工资水平快速上涨为契机，充分发挥劳动力成本上升对行业转型升级的倒逼作用机制，迫使中国体育用品制造业加大转型升级力度，如促使行业强化品牌意识、增加产品核心技术含量、提升管理效率、加大新产品研发投入等，从而通过提高行业整体竞争力来应对劳动力成本上升带来的压力。因此，劳动力成本上升也并非全然不利，要充分发挥其倒逼作用机制，逐步使我国体育用品制造业转向创新驱动发展模式。

2. 实施扶持与控制相结合的区域差异化政策，推动体育用品制造业转型升级

我国地域辽阔，区域资源禀赋差异巨大，区域经济发展水平差距明显，人文地理等各具特征。因此，要充分考虑各区域资源优势和不足，制定并实施扶持与

控制相结合的区域差异化政策，重点扶持中西部地区中小型体育用品制造企业做大做强，适度控制东部地区小作坊式企业的规模数量，优化区域体育用品制造行业布局。一方面，就我国中西部地区而言，尤其是部分经济欠发达省份及人口密度较高城市，要继续发挥劳动力资源丰裕的优势，充分利用国家的政策倾斜措施，积极营造良好的产业发展环境，为进一步提升我国中小型体育用品制造企业的竞争力提供政策保障。面对我国东部地区一些体育用品制造企业实施的产业转移战略，中西部地区也可积极承接产业转移业务，进而有效解决剩余劳动力人口留守问题；另一方面，就我国东部地区来讲，特别是东南沿海区域及各经济发达城市，要充分发挥技术创新能力相对较强，高级人才储备相对较多，资本总量相对丰裕，管理效率相对较高等优势，通过政策引导、资源调配、财税工具等加快推进中小型体育用品制造企业的重组和兼并，限期将部分产品技术标准不合格、生态环境污染严重、产出低能耗高、小作坊式生产经营的劳动密集型体育用品制造企业进行转移。努力加强资本积累和技术创新，逐步实现行业向资本密集型与技术密集型转变，推动我国体育用品制造业转型升级。

3. 提高劳动力人口质量，促使体育用品制造业实现"由内及外"的转型升级

随着我国经济实力的不断增强，劳动力成本上升的压力将会越来越大，我国体育用品制造业的发展受劳动力成本、生态环境、资源配置等多方面因素的影响，企业产品逐渐开始从低附加值向高附加值转变，这一过程无疑对劳动力人口的质量提出了更高要求。根据Melitz的异质性企业贸易理论，生产效率越高的企业，其产品技术规格、品质保障、创新设计等相对更好，产品实现出口贸易的可能性就越大[1]。就我国体育用品制造企业而言，当国内廉价劳动力的比较优势不复存在时，可以尝试改革和创新用工制度，完善员工继续教育或者培训的相关政策体系，充分发挥现代人力资源管理模式的独特功效，进一步提高企业劳动力人口的质量水平。例如，在用工制度上，可以结合我国的实际情况，效仿国外的"双轨培训制度"，政府机构、行业协会等对体育用品制造企业实施有效监管，要求体育用品制造企业在用工的同时，也要适时对劳动力人口进行再教育和培训，实施劳动力培训上岗政策，不断更新企业员工的知识储备与职业技能，逐步形成高质量的劳动力人口集群，从而提高我国体育用品制造业的劳动生产率，强化其对外部经济冲

---

[1] 黄建忠，胡懿，赵玲. 加工贸易转型升级的路径研究——基于劳动力成本上升的视角 [J]. 国际商务研究, 2017（2）: 5-21.

击的抗风险能力，使我国体育用品制造业真正实现"由内及外"的转型升级。

4. 利用"互联网+"的强劲发展势头，完善价值供应链条，压缩劳动力成本

我国体育用品制造企业的生产经营过程涉及固定成本与变动成本，变动成本是伴随产量的变化而变动的成本项目，主要包括原材料、燃料、动力等生产要素的价值，这些生产要素的供应会受到运输、存储、损耗、距离等因素的影响。目前，国内部分体育用品制造企业仍以来料加工为主，其在产品生产、流通及销售等环节均需要大量的生产要素供应，而在这一过程中劳动力人口作为不可或缺的元素，在各环节中扮演了非常重要的角色。因此，价值供应链条是否完善和高效直接影响我国体育用品制造企业劳动力成本的高低。随着"互联网+"时代的迅速崛起，高科技智能化设备的广泛应用，我国体育用品制造企业可利用其脱媒性和去中心化，充分借助互联网、高科技智能化设备等信息技术手段，构建物联网系统，节约其在生产要素寻找、运输、进料、存储等方面的成本，从而有效控制劳动力成本的上升。"工业改革4.0"是德国政府提出的一个旨在提高制造业智能化水平的高科技战略计划，该计划以互联网、实体系统、物联网等为技术基础，使企业朝着智能化发展方向改革。在第16届中国工业博览会上展出的国内首套"工业改革4.0"流水线，意味着我国已经步入"工业改革4.0"的道路。因此，我国体育用品制造业可以结合自身发展现实，抓住机遇，尝试参与此项改革，以在更深程度和更大范围上实现体育用品制造业的转型升级。

5. 加快城镇化建设，放宽移民政策，为体育用品制造业转型升级提供缓冲时间

长期以来，我国东西部地区劳动力人口的分布状况极不均衡，东部沿海经济发达城市的廉价劳动力主要源于中西部农村地区，环渤海城市群、长三角城市群、珠三角城市群是农村劳动力流入的热点区域，总计吸纳外地农村劳动力超过全国的80%[①]。根据中华人民共和国国家统计局发布的《中华人民共和国2017年国民经济和社会发展统计公报》显示，2017年末我国常住人口城镇化率为58.52%，但是户籍人口城镇化率仅为42.35%，全国农民工总量28652万人，比2016年增长1.7%，人户分离的人口2.91亿人，其中流动人口2.44亿人，说明进入城镇的农民工绝大部分并未实现真正意义上的城镇化。由于国内长期存在的户籍

———
① 刘文. 我国农村劳动力流动趋势分析[N]. 南开大学报, 2004-06-11 (4).

制度、区域性政策等因素，外地农村务工人员的医疗、养老、卫生、子女教育等难以得到有效保障，这在很大程度上限制了农村劳动力人口的流动性。近些年来，东部沿海经济发达地区制造业企业面临的用工荒在一定程度上归因于农村劳动力人口不愿意进城务工。因此，应进一步加快推进我国城镇化建设，营造良好的政策环境，激发农村劳动力人口进入城镇的积极性。另外，还可以尝试借鉴欧美国家的做法，适度放宽对周边具有廉价劳动力资源国家，如缅甸、越南、老挝、柬埔寨等的相关移民政策，把这些国家的劳动力资源作为我国劳动力人口供给的储备力量，帮助我国体育用品制造业实现平稳过渡，为其转型升级提供更充裕的缓冲时间。

第二节　研究展望

《关于加快发展体育产业促进体育消费的若干意见》把全民健身上升为国家战略，体育产业作为绿色产业、健康产业予以重点扶持，根据该文件的整体规划及部署，各省、自治区、直辖市分别制定了落实该文件的实施意见。2016年，国家体育总局发布的《体育产业发展"十三五"规划》中指出："结合传统制造业去产能，引导体育用品制造业转型升级，优化体育用品制造业结构，实施体育用品制造业创新提升工程，鼓励新型体育器材装备、虚拟现实运动装备及其可穿戴运动设备等的研发与创新。"体育用品制造业作为体育产业的支柱，是推动其发展壮大的关键要素。但是，体育用品制造业多年来的快速发展与高增长都是以高消耗、高投入为代价的，现代化水平较低，缺乏国际竞争力和抗风险能力。面对目前国内外产业转移浪潮，随着环境与资源不堪重负、产能过剩及竞争过度等问题的集中爆发，社会各界已充分认识到我国体育用品制造业发展必须摒弃传统模式，实现从"中国制造"到"中国创造"的转变，旨在促进国内体育用品制造业的转型升级步伐，实现我国体育产业高质量发展。

虽然《关于加快发展体育产业促进体育消费的若干意见》《体育产业发展"十三五"规划》的颁布实施为进一步促进我国体育用品制造业转型升级提供了坚实的政策保障，但关于我国体育用品制造业的转型升级问题仍具有复杂性、多变性、动态性等特征，对这一选题开展深入系统的研究，不仅要求研究者具备扎实的理论功底，还要求研究者具有敏锐的洞察力和丰富的实践操作能力。通过完成本研究，课题组成员不仅锻炼和提高了科研能力，还增强了问题意识，对我国体育用品制造业转型升级影响因素研究的认识程度进一步深入、细化。然而，限

第九章 结论、建议与展望

于理论水平、知识结构、实践能力等方面的原因，在本课题研究过程中还存在诸多不足，课题组将针对这些不足，根据前期研究工作的经验总结，对未来研究工作进行展望。

（1）考虑到我国体育产业统计分类指标体系仍处于不断完善和修订阶段，目前全国各区域（地方）关于体育产业统计数据的搜集、整理、核查、汇总、上报、共享等环节还存在诸多问题，导致我国体育用品制造业的相关财务统计指标数据缺乏完整性、连续性与系统性。部分直接观测指标难以获取，如体育用品制造业转型升级的测度指标（新产品产量、新产品销售收入、新产品研发投入、新业务收入等），而采用间接测度指标展开实证则可能得出差异性的结果。因此，在未来研究工作中会继续加大对相关统计数据指标的关注、搜索和积累。

（2）本研究在构建我国体育用品制造业转型升级综合能力、效果水平的评价指标体系时，考虑到国内体育用品制造业统计指标数据的可获得性问题，主要从反映总量（规模）水平、结构、比例或者强度的角度选取测度指标，对于一些难以量化的评价指标还未曾涉足。因此，在未来研究工作中会进一步对评价指标体系进行细化和完善，以期得出更加具体、客观的体育用品制造业转型升级综合能力与效果水平的评价指标体系。

（3）目前关于计量经济学中的面板数据模型应用研究越来越受国内外学者的广泛关注，对该方法在我国体育用品制造业转型升级研究领域中的初步尝试，其重点和难点问题是如何选择合适的计量经济模型，如何搜集可靠的数据样本，如何选取针对性的测度指标。这些问题将会直接关系到实证研究结果的科学性、可靠性与有效性。因此，在后续的理论与实证研究过程中，拟选取更加多元化的实证研究方法，对我国体育用品制造业转型升级领域进行深入探讨，以期从不同视角把握体育用品制造业转型升级的现状、绩效及影响因素等。

（4）根据本研究的内容体系和结构框架，研究总报告的完成时间与本书出版时间存在较长的时间周期，导致本书中的一些统计指标数据略显滞后。因此，在未来研究工作中会持续更新数据样本和实证结果。

（5）虽然本研究在研究方法层面进行了一些大胆尝试，但是限于自身理论分析与实践操作能力的制约，以及不同研究方法各具有优缺点，其在面对同一研究对象时可能呈现出差异性的结果，这就会影响到本研究结论的理论深度、广度及实际应用价值等。因此，在未来研究工作中会进一步辨析各种研究方法的劣势和特点，使研究方法运用更具有合理性、科学性。

参考文献

一、国外期刊和专著

[1] HANNA R K, SUBIC A. Towards sustainable design in the sports and leisure industry [J]. International journal of sustainable design, 2008, 1 (1): 60-74.

[2] KHARA N, DOGRA B. Examination of export constraints affecting the export performance of the Indian sports goods industry [J]. European journal of international management, 2009, 3 (3): 282-392.

[3] NADVI K. Labour standards and technological upgrading: Competitive challenges in the global football industry [J]. International journal of technological learning, innovation and development, 2011, 4 (1-3): 235-257.

[4] RATTEN V. Social entrepreneurship and innovation in sports [J]. International journal of social entrepreneurship and innovation, 2011, 1 (1): 42-54.

[5] NADVI K, L P, XUE H, et al. Playing against China: Global value chains and labour standards in the international sports goods industry [J]. Global networks, 2011, 11 (3): 334-354.

[6] DAVID P A. Technical choice innovation and economic growth: Essays on American and British experience in the nineteenth century [J]. The economic journal, 1976 (6): 413-414.

[7] ROMER P M. Crazy explanations for the productivity slow down [J]. Macroeconomics annual, 1987 (1): 163-210.

[8] FLAIG G, STADLER M. The dynamics of the innovation process [J]. Empirical economics, 1994, 19 (1): 55-68.

[9] REENEN J V. The creation and capture of rents: Wages and innovation in a panel of U. K. companies [J]. The quarterly journal of economics, 1996, 111 (1): 195-226.

[10] KLEINKNECHT A. Is labor market flexibility harmful to innovation? [J]. Cambridge journal of economics, 1998, 22 (3): 387-396.

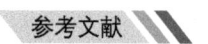

[11] ROLAND C, LEIF. M. Innovative international strategies [J]. Journal of world business, 2000 (4): 333-354.

[12] HICKS J. The theory of wages [M]. London: Macmillan, 1963.

[13] HABAKKUK H J. American and British technology in the nineteenth century: The search for labor saving inventions [M]. London: Cambridge University Press, 1967.

二、国内期刊和专著

[14] 罗仲伟, 李先军. "十三五"时期制造业转型升级的路径与政策转向 [J]. 价格理论与实践, 2015, 377 (11): 8-12.

[15] 宁靓, 梁铄, 孙成成. 中国服务外包产业转型升级的综合能力评价——基于全国19个重点省市的实证研究 [J]. 中国海洋大学学报（社会科学版）, 2016 (5): 74-81.

[16] 季雯婷, 顾江. 中美体育用品贸易的竞争性、互补性及增长潜力的实证分析 [J]. 体育科学, 2018, 38 (8): 19-25.

[17] 刘飞飞. 我国体育用品制造业产业升级的战略分析 [J]. 体育文化导刊, 2014 (10): 114-117.

[18] 吴进红, 吴青蔚. 制造业升级的影响因素研究——基于江苏省制造业面板数据的实证 [J]. 扬州大学学报（人文社会科学版）, 2013, 17 (6): 29-33.

[19] 张军扩, 余斌, 吴振宇. 增长阶段转换的成因、挑战和对策 [J]. 管理世界, 2014 (12): 12-20, 37.

[20] 黄益平. 当前的经济形势与金融风险 [J]. 新金融, 2014 (8): 22-23.

[21] 郑京平. 中国经济的新常态及应对建议 [J]. 中国发展观察, 2014 (11): 42-44.

[22] 张占仓. 中国经济新常态与可持续发展新趋势 [J]. 河南科学, 2015, 33 (1): 91-98.

[23] 李佐军. 引领经济新常态走向好的新常态 [J]. 国家行政学院学报, 2015 (1): 21-25.

[24] 卢佩霞. 永康体育用品制造产业集群竞争力与发展对策 [J]. 经济论坛, 2007 (18): 24-27.

[25] 刘建刚, 连桂红. 山东省体育用品制造业市场结构的实证研究 [J]. 山东体育学院学报, 2007 (6): 22-24.

[26] 周岩松, 童莹娟. 我国体育用品企业品牌发展现状及对策研究 [J]. 思想战线, 2011, 37 (S2): 428-430.

[27] 孔令夷. 我国体育用品业发展现状、特征及趋势预测 [J]. 科技管理研究, 2013, 33 (18): 212-220.

[28] 乔永忠, 陈璇. 体育用品制造业终止和有效专利维持时间 [J]. 武汉体育学院学报, 2018, 52 (6): 56-63.

[29] 汤杰新, 唐德才, 马婷玉. 制造业转型升级研究综述与新常态下的展望 [J]. 改革与开放, 2016, 444 (15): 15-16, 25.

[30] 贾莹, 王铁山, 徐玲. 生产性服务业对制造业转型升级的作用机制研究 [J]. 技术与创新管理, 2016, 37 (1): 76-81.

[31] 欧阳文霞. 论供应链环境下的合作创新 [J]. 地质技术经济管理, 2004, 26 (6): 7-9.

[32] 阳立高, 刘念念, 柒江艺, 等. 劳动力成本与利润差异对制造业升级的影响研究 [J]. 财经理论与实践, 2016, 37 (2): 112-117.

[33] 徐昊天, 伍思齐, 严朗, 等. 劳动力成本上升对中国劳动密集型制造业转型升级的影响 [J]. 市场研究, 2017 (11): 4-5.

[34] 石喜爱, 季良玉, 程中华. "互联网+" 对中国制造业转型升级影响的实证研究——中国 2003—2014 年省级面板数据检验 [J]. 科技进步与对策, 2017, 34 (22): 64-71.

[35] 熊曦, 张为杰, 余绍辉. "互联网+" 背景下湖南制造业转型升级的动力机制研究 [J]. 商学研究, 2019, 26 (2): 115-122.

[36] 王建宇, 王兴一, 王峰. 体育用品行业上市公司财务危机预警研究 [J]. 技术经济与管理研究, 2019 (5): 74-80.

[37] 蔡兴林, 张高雅. 中国体育用品上市公司财务风险状况评估与预警研究——基于 2009—2016 年财务数据 [J]. 西安体育学院学报, 2019, 36 (3): 282-289.

[38] 刘战伟. 基于财务分析视角的中国体育用品上市公司财务效率研究——以李宁公司为例 [J]. 西部财会, 2017 (2): 39-43.

[39] 崔丹. 我国商业银行主要财务指标比较研究 [J]. 金融财税, 2012 (10): 18-20.

[40] 沈静宇. 国有与外资餐饮企业主要财务指标比较分析 [J]. 沈阳师范大学学报 (社会科学版), 2004, 28 (6): 48-50.

[41] 郭玲玲, 王平心. 中西部基于财务指标的地区核心竞争力比较——河南与陕西地区的比较 [J]. 科技进步与对策, 2006 (3): 87-89.

[42] 王贺宾. 2015 年上半年钢铁相关板块财务指标对比分析 [J]. 冶金管理, 2015 (11): 16-22.

[43] 申远, 李湘君, 孙峰. 新常态经济视角下我国制造业创新效率研究——以江苏省医药制造业为例 [J]. 学海, 2015 (6): 61-65.

[44] 谈艳, 张莹, 陈颇. 中国体育用品制造业转型升级的影响因素研究——基于省 (市) 级面板数据的实证 [J]. 沈阳体育学院学报, 2017, 36 (1): 38-42.

[45] 肖骞, 闫彦. 民营中小体育用品企业转型影响因素模型探讨——以波特 "钻石模型" 为依据 [J]. 中州体育: 少林与太极, 2015 (11): 21-25.

[46] 马德浩, 季浏. 转型与突围: 我国劳动年龄人口比重下降对体育用品业发展的影响 [J]. 成都体育学院学报, 2014, 40 (9): 1-6.

[47] 高涛, 荣思军. 全球产业价值链视角下我国体育用品制造业升级途径研究 [J]. 福建体育科技, 2016, 35 (6): 1-3.

[48] 谢军, 张博, 白震. 从 GVC 到 NVC: 我国体育用品产业升级路径的研究 [J]. 体育学刊,

2015, 22（1）：28-32.

[49] 向绍信. 我国体育用品产业升级路径研究［J］. 天津体育学院学报，2014, 29（5）：415-420.

[50] 许彩明，于晓明. 我国体育用品 OEM 企业战略升级风险及规避研究［J］. 西安体育学院学报，2015, 32（5）：576-580.

[51] 吴宝升，郑霞. 内生型体育用品制造业产业集群现存困境、问题及升级对策研究——以温州为例［J］. 运动，2014, 101（11）：140-142.

[52] 喻坚. 价值链下中国体育用品产业集群升级的困境与出路［J］. 中国商贸，2012（31）：232-233.

[53] 庄铁鹰. 迪卡侬体育用品集团体验营销分析及对中国体育企业的启示［J］. 中小企业管理与科技（中旬刊），2017（3）：162-165.

[54] 吴新宇，韩富清，邱新宇. 基于地方模式的亚洲体育用品产业转型研究——兼评《中国地方体育产业政策比较研究》一文［J］. 四川体育科学，2015（4）：1-5.

[55] 戴建辉. 全球化时代日本体育用品业的转型发展［J］. 首都体育学院学报，2014, 26（2）：109-114.

[56] 张士强，崔健. 煤炭企业转型升级效果评价指标体系设计［J］. 经济研究导刊，2016, 295（14）：20-23.

[57] 张成丽，叶常林. 芜湖市装备制造业转型升级能力研究［J］. 洛阳师范学院学报，2014, 33（6）：68-71.

[58] 杜凌飞. 新常态下南京经济转型升级能力综合评价研究［J］. 科技和产业，2016, 16（8）：7-10.

[59] 程惠芳，唐辉亮，陈超. 开放条件下区域经济转型升级综合能力评价研究——中国 31 个省市转型升级评价指标体系分析［J］. 管理世界，2011（8）：173-174.

[60] 张瑞林，李凌，王先亮. 冰雪体育用品共性技术应用过程绩效评价研究［J］. 成都体育学院学报，2018, 44（5）：7-13.

[61] 齐慧芳. 体育用品制造业配送绩效评价模型的研究［J］. 西部皮革，2016, 38（18）：121.

[62] 蒋思庆，陈颇. 我国区域体育用品制造业经营绩效评价研究［J］. 体育文化导刊，2010（3）：70-73, 130.

[63] 陈颇. 基于 SEM 的体育用品制造业经营管理绩效测评模型［J］. 武汉体育学院学报，2009, 43（1）：43-48.

[64] 路伟尚，金育强. 我国体育用品企业战略转型能力的评价与分析——以安踏公司为例［J］. 武汉体育学院学报，2019, 53（4）：34-40, 85.

[65] 江亮，邹娟花，李红军，等. 国内外一线体育用品品牌营销比较研究——以耐克、阿迪达斯与李宁、安踏为例［J］. 河北体育学院学报，2016, 30（6）：14-21.

[66] 刘战伟. 中国体育用品上市公司财务效率研究——以李宁公司为例［J］. 福建金融管理

干部学院学报，2016（4）：47-54．

[67] 黄宁．基于 DEA-Tobit 的中国体育用品上市公司的经营绩效分析［J］．现代商业，2014（27）：244-246．

[68] 郭正茂，谭宏，杨剑．竞争战略对中国体育用品制造业上市公司短期绩效影响的实证研究——基于 PORTER 基本竞争战略分类范式［J］．山东体育学院学报，2018，34（6）：1-7．

[69] 陈瑜，杨自伟．体育用品企业销售主管的网络建构行为对团队绩效的影响［J］．上海体育学院学报，2017，41（5）：64-70．

[70] 钟华梅，王兆红，刘念．体育用品企业专利技术与公司绩效关系的实证研究［J］．中国体育科技，2016，52（1）：30-35．

[71] 田玲．体育用品企业高管薪酬与企业绩效关系研究［J］．北方经贸，2015（12）：170-171．

[72] 曲建忠，吴宗杰．山东省加工贸易转型升级绩效的定量评价［J］．华东经济管理，2013，27（11）：30-33．

[73] 徐志华，杨强，申玉铭．区域中心城市服务业发展综合评价及其影响因素［J］．地域研究与开发，2016，35（3）：40-45．

[74] 程海森，董明月．中国服务业发展影响测度——基于省际城镇化差异［J］．调研世界，2016（2）：41-45．

[75] 贾妮莎，申晨．中国对外直接投资的制造业产业升级效应研究［J］．国际贸易问题，2016（8）：143-153．

[76] 杨明，李留东．基于全球价值链的我国体育用品产业升级路径及对策研究［J］．中国体育科技，2008，44（3）：41-46．

[77] 周云涛，储建新，白震．全球价值链视角下我国体育用品产业升级的调研分析［J］．武汉体育学院学报，2010，44（7）：55-57．

[78] 夏碧莹．加快我国体育用品制造业转型升级的问题和对策［J］．北京体育大学学报，2011，34（7）：37-40．

[79] 张强，阴腾龙，贾丽．体育用品国家价值链的构建及产业升级［J］．武汉体育学院学报，2016，50（2）：47-51．

[80] 王治，王耀中．中国服务业发展与制造业升级关系研究——基于东、中、西部面板数据的经验证据［J］．华东经济管理，2010，24（11）：65-69．

[81] 李书娟．体育用品制造业效率评价研究：以湖北省为例［J］．首都体育学院学报，2017，29（4）：318-322．

[82] 李书娟．湖北省体育用品制造业效率评价研究［J］．体育成人教育学刊，2015，31（5）：36-39．

[83] 魏艳秋，和淑萍，高寿华．"互联网+"信息技术服务业促进制造业升级效率研究——基于 DEA-BCC 模型的实证分析［J］．科技管理研究，2018（17）：195-202．

[84] 蔡兴林，李佩明，张高雅．基于"新零售"背景下中国体育用品业零售转型与升级研究[J]．体育文化导刊，2018（8）：94-98．

[85] 强君．互联网+体育产业发展研究——以体育用品网络营销为例[J]．安徽体育科技，2017，38（3）：15-18．

[86] 郑琳泓，许月云．福建省体育用品业发展与转型升级路径[J]．泉州师范学院学报，2016，34（4）：34-40．

[87] 董芹芹，张心怡，沈克印．健康中国背景下"互联网+体育产业"发展的领域、趋势及策略[J]．体育文化导刊，2018（5）：74-78．

[88] 颜小燕．"互联网+"促进体育产业创新驱动发展及其策略[J]．体育与科学，2017，38（6）：67-72．

[89] 左伟，李建英．论"互联网+"体育产业的内涵、特征及呈现方式[J]．山西大学学报（哲学社会科学版），2016，39（5）：140-144．

[90] 钟华梅，王兆红．人口红利、劳动力成本与体育用品出口贸易竞争力关系的实证研究[J]．武汉体育学院学报，2018，52（6）：50-55．

[91] 冯国有，贾尚晖．中国财政政策支持体育产业发展的承诺、行动、效应[J]．体育科学，2018，38（9）：37-46．

[92] 吕文广，陈绍俭．我国欠发达地区农业生产技术效率的实证分析——采用 DEA 方法和 Malmquist 指数方法测度[J]．审计与经济研究，2010，25（5）：96-103．

[93] 柳思维，黄毅．9家种业上市公司分销效率比较研究：2004~2008年——基于 DEA 的计量分析[J]．系统工程，2010，28（5）：64-68．

[94] 张晓瑞，宗跃光．城市开发的资源利用效率测度与评价——基于30个省会城市的实证研究[J]．中国人口·资源与环境，2010，20（5）：95-101．

[95] 魏艳秋，和淑萍．现代信息技术服务业嵌入与制造业转型升级——基于 VAR 模型分析[J]．科技管理研究，2018，38（1）：126-133．

[96] 李捷，余东华，张明志．信息技术、全要素生产率与制造业转型升级的动力机制——基于"两部门"论的研究[J]．中央财经大学学报，2017（9）：67-78．

[97] 席玉宝，刘应，金涛．我国体育用品出口状况分析[J]．体育科学，2005，25（12）：22-27．

[98] 郑延智，黄顺春，黄靓．劳动力成本上升对产业结构升级转型的影响研究[J]．华东交通大学学报，2012，29（4）：113-117．

[99] 阳立高，谢锐，贺正楚，等．劳动力成本上升对制造业结构升级的影响研究——基于中国制造业细分行业数据的实证分析[J]．中国软科学，2014（12）：136-147．

[100] 任志成，戴翔．劳动力成本上升对出口企业转型升级的倒逼作用——基于中国工业企业数据的实证研究[J]．中国人口科学，2015（1）：48-58，127．

[101] 陶加强．我国物流企业劳动力成本与用工效率及转型升级——基于我国物流上市企业

的数据分析 [J]. 中国流通经济, 2016, 30 (10): 66-72.

[102] 董宁. 人民币升值背景下我国体育用品制造业转型升级路径探析 [J]. 山东体育学院学报, 2014, 30 (5): 23-27.

[103] 邢中有. 我国体育用品制造企业转型升级研究 [J]. 上海体育学院学报, 2015, 39 (3): 12-17.

[104] 李军岩, 程文广. 我国体育用品企业战略转型演化轨迹的案例研究 [J]. 沈阳体育学院学报, 2015, 34 (6): 35-40.

[105] 许春蕾. 体育用品上市公司产品战略转型影响因素的实证研究——基于2008—2015年面板数据 [J]. 北京体育大学学报, 2017, 40 (5): 22-27, 33.

[106] 李碧珍, 李晴川, 程轩宇, 等. 价值链视域下体育用品制造业服务化转型路径及其实践探索——以福建省为例 [J]. 福建师范大学学报（哲学社会科学版）, 2017 (5): 16-27.

[107] 孙志贤, 刘春生, 李昕仪. 劳动力成本上升对中国制造业出口的影响——基于制造业26个行业的实证研究 [J]. 财政科学, 2017, 19 (7): 99-107.

[108] 郑振雄, 周明龙. 劳动力成本上升对出口竞争力影响实证研究——基于制造业面板模型 [J]. 福建江夏学院学报, 2016, 7 (3): 6-13.

[109] 孟凡峰. 生产性服务业集聚与制造业升级——基于省际面板的研究 [J]. 现代管理科学, 2015 (1): 57-59.

[110] 孟凡峰, 谢延钊. 外向型直接投资的产业升级效应研究 [J]. 现代管理科学, 2015 (5): 75-77.

[111] 李爽, 赵龙, 于健. 辽宁装备制造企业的财务竞争力评价——以沈阳机床为例 [J]. 沈阳大学学报（社会科学版）, 2013, 15 (3): 285-289.

[112] 张发洪. 企业提升财务核心竞争力的途径 [J]. 经营与管理, 2017 (6): 58-60.

[113] 胡迟. 制造业转型升级成效评估与发展对策 [J]. 经济观察, 2016 (9): 33-36.

[114] 胡迟. 在新常态下持续实现转型升级——制造业转型升级成效的分析与对策 [J]. 中国经贸导刊, 2015 (5): 48-52.

[115] 国家统计局浙江调查总队课题组, 储小华, 倪建春. 浙江制造业转型升级评价 [J]. 浙江经济, 2015 (18): 34-36.

[116] 唐辉亮, 姚玉婷. 开放经济条件下企业转型升级评价体系研究——基于沪市500家制造业上市公司数据的实证分析 [J]. 对外贸易, 2016 (10): 102-105.

[117] 黄建忠, 胡懿, 赵玲. 加工贸易转型升级的路径研究——基于劳动力成本上升的视角 [J]. 国际商务研究, 2017 (2): 5-21.

[118] 杨明. 中国体育用品制造产业集群创新要素结构及其作用机制研究 [J]. 体育成人教育学刊, 2015, 31 (4): 9-14, 52.

[119] 方阳春. 人力资本：经济转型升级的内驱力 [M]. 杭州：浙江大学出版社, 2013.

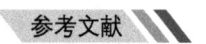

[120] 卢纹岱. SPSS for Windows 统计分析 [M]. 第3版. 北京：电子工业出版社，2006.

[121] 张晓峒. EViews 使用指南与案例 [M]. 北京：机械工业出版社，2007.

[122] 张晓峒. 计量经济学基础 [M]. 天津：南开大学出版社，2005.

附 录

附件 1 2012—2015 年我国体育用品制造企业的相关财务指标原始数据

企业性质	年份	主营业务收入（千元）	利润总额（千元）	资产总计（千元）	应收账款净额（千元）	流动资产余额（千元）	负债合计（千元）
国有企业	2012	302317.00	-3635.00	469414.00	62918.00	2371149.00	227159.00
	2013	155591.00	-3732.00	269214.00	47508.00	141971.00	220856.00
	2014	623012.00	5652.00	318398.00	17915.00	82397.00	76934.00
	2015	246532.00	2086.00	92971.00	35539.00	73775.00	24351.00
集体企业	2012	569106.00	57905.00	263616.00	24765.00	213462.00	74062.00
	2013	682462.00	49643.00	343670.00	19143.00	279400.00	80948.00
	2014	705534.00	69537.00	222446.00	15634.00	136772.00	50864.00

续表

企业性质	年份	主营业务收入（千元）	利润总额（千元）	资产总计（千元）	应收账款净额（千元）	流动资产余额（千元）	负债合计（千元）
集体企业	2015	574543.00	84172.00	353388.00	16184.00	158732.00	36589.00
股份合作制企业	2012	119683.00	2046.00	73121.00	10240.00	37317.00	29609.00
	2013	87091.00	2205.00	44946.00	7829.00	35292.00	8883.00
	2014	75168.00	1905.00	18995.00	2153.00	10542.00	4476.00
	2015	71314.00	1849.00	25314.00	5144.00	13977.00	3872.00
股份制企业	2012	2103794.00	169443.00	2200516.00	352304.00	1047933.00	1154113.00
	2013	2516656.00	210317.00	2566105.00	441327.00	1334146.00	1355653.00
	2014	3489150.00	300976.00	3215549.00	588691.00	1766444.00	1762402.00
	2015	3214614.00	278972.00	3759763.00	716936.00	2014163.00	1947591.00
私营企业	2012	35079962.00	2297071.00	18299598.00	23375591.00	10142470.00	10309761.00
	2013	40387003.00	2537899.00	19977889.00	2646298.00	11281957.00	11401937.00
	2014	51270434.00	3196886.00	25956049.00	3416493.00	12722729.00	13247980.00
	2015	47391678.00	2813743.00	27224245.00	3207801.00	13207370.00	13480206.00

附件2 2015年我国23个省、自治区、直辖市体育用品制造业转型升级综合能力评价的部分指标原始数据

地区	利润总额（千元）	资产总计（千元）	人均国内生产总值（元/人）	城镇居民消费水平（元）	第三产业增加值（亿元）	互联网上网人数（万人）	普通高校数（所）	普通本科招生数（万人）	技术市场成交额（亿元）	专利申请受理量（项）	城镇固定资产投资（亿元）	公路里程（万公里）	快递量（万件）
北京	613.00	170119.00	106497.00	41846.00	18331.74	1647.00	91.00	12.63	3453.89	156312.00	7446.02	2.19	141447.26
天津	144879.00	772327.00	107960.00	35290.00	8625.15	956.00	55.00	8.21	503.44	79963.00	11814.57	1.66	25624.45
河北	143967.00	1908199.00	40255.00	17924.00	11979.79	3731.00	118.00	16.72	39.54	44060.00	28905.74	18.46	54911.94
山西	4943.00	521777.00	34919.00	19018.00	6789.06	1975.00	79.00	11.67	51.20	14948.00	13744.59	14.10	11477.30
辽宁	45831.00	301590.00	65354.00	28567.00	13243.02	2731.00	116.00	16.60	267.49	42153.00	17640.37	12.04	24674.13
吉林	46330.00	85631.00	51086.00	19358.00	5461.14	1313.00	58.00	11.78	26.47	14800.00	12508.59	9.73	9017.05
黑龙江	13318.00	44523.00	39462.00	21660.00	7652.09	1707.00	81.00	12.34	127.26	34611.00	9884.28	16.32	12636.84
上海	217015.00	3610562.00	103796.00	48750.00	17022.63	1773.00	67.00	8.92	663.78	100006.00	6349.39	1.32	170777.96
江苏	1159948.00	6681543.00	87995.00	37515.00	34085.88	4416.00	162.00	25.60	572.92	428337.00	45905.17	15.88	229047.65
浙江	382271.00	10061629.00	77644.00	33359.00	21341.91	3596.00	105.00	14.80	98.10	307264.00	26664.72	11.80	383145.91
安徽	206311.00	1727792.00	35997.00	20251.00	8602.11	2395.00	119.00	15.76	190.47	127709.00	23803.93	18.69	39935.56
福建	609539.00	8455306.00	67966.00	25202.00	10796.90	2648.00	88.00	12.17	52.14	83146.00	20973.98	10.46	88786.20
江西	719022.00	1839470.00	36724.00	19362.00	6539.23	1759.00	97.00	12.38	64.85	36936.00	16993.90	15.66	23471.76
山东	2199151.00	19974517.00	64168.00	26993.00	28537.35	4789.00	143.00	23.70	307.55	193220.00	47381.46	26.34	73424.89

续表

地区	利润总额（千元）	资产总计（千元）	人均国内生产总值（元/人）	城镇居民消费水平（元）	第三产业增加值（亿元）	互联网上网人数（万人）	普通高校数（所）	普通本科招生数（万人）	技术市场成交额（亿元）	专利申请受理量（项）	城镇固定资产投资（亿元）	公路里程（万公里）	快递量（万件）
河南	121064.00	1239603.00	39123.00	21821.00	14875.23	3703.00	129.00	24.17	45.04	74373.00	34951.28	25.06	51449.70
湖北	94032.00	384644.00	50654.00	23561.00	12736.79	2723.00	126.00	20.77	789.34	74240.00	26086.42	25.30	50847.27
湖南	227194.00	519493.00	42754.00	22770.00	12759.77	2685.00	124.00	16.77	105.06	54501.00	24324.17	23.69	31786.39
广东	609929.00	14936656.00	67503.00	32393.00	36853.47	7768.00	143.00	26.96	662.58	355939.00	29950.48	21.60	501335.16
广西	5235.00	105669.00	35190.00	21076.00	6520.15	2033.00	71.00	10.62	7.31	43696.00	15654.95	11.80	12540.94
重庆	29814.00	185832.00	52321.00	25795.00	7497.75	1445.00	64.00	11.00	57.24	82791.00	14208.15	14.06	20525.41
四川	9695.00	22357.00	36775.00	20114.00	13127.72	3260.00	109.00	20.59	282.32	110746.00	24965.56	31.56	48796.57
贵州	1695.00	32594.00	29847.00	20082.00	4714.12	1346.00	59.00	6.44	25.96	18295.00	10676.70	18.64	7034.25
云南	2576.00	91478.00	28806.00	20699.00	6147.27	1761.00	69.00	9.70	51.84	17603.00	13069.39	23.60	11109.14

附件3 2011—2016年我国体育用品制造业转型升级效果评价的部分指标原始数据

指标	2011年	2012年	2013年	2014年	2015年	2016年
体育用品制造产成品（千元）	3580282.00	3878520.00	4417994.00	4466702.00	4768219.00	4839807.00
体育用品制造产成品同比增长（%）	13.39	8.33	13.91	9.78	8.87	8.22
体育用品制造增值税（千元）	2007358.00	2397819.00	2898476.00	3378011.00	3496162.00	3619043.00
体育用品制造增值税同比增长（%）	21.18	15.52	14.78	14.02	12.89	12.06
内资体育用品制造总资产比重	0.45	0.47	0.49	0.54	0.56	0.57
内资体育用品制造产品销售收入比重（%）	0.45	0.46	0.50	0.54	0.57	0.58
体育用品制造主营业务收入同比增长（%）	16.02	11.23	11.45	12.89	10.67	9.42
体育用品制造主营业务税金及附加同比增长（%）	67.97	13.48	15.89	14.65	13.92	11.76
中西部地区体育用品制造产品出口交货值（千元）	3756258.00	3866360.00	4694504.00	5878213.00	5994858.00	6109827.00
中西部地区体育用品制造产品出口交货值同比增长（%）	15.71	10.58	10.89	9.84	9.72	8.65
单位体育用品制造出口额废水排放（万吨/亿元）	28.79	27.99	26.55	25.80	26.07	25.62
单位体育用品制造出口额能耗（万吨标准煤/亿元）	1.82	1.64	1.59	1.53	1.52	1.49
外商和港澳台投资体育用品制造利润总额（千元）	2092518.00	2346201.00	1962158.00	2669622.00	2818086.00	2972609.00
外商和港澳台投资体育用品制造应交增值税（千元）	906529.00	907250.00	1178122.00	1191220.00	1208974.00	1276903.00

附件4 2008—2015年我国31个省、自治区、直辖市第三产业增加值原始数据

单位：亿元

地区	2008年	2009年	2010年	2011年	2012年	2013年	2014年	2015年
北京	7682.07	9179.19	10600.84	12363.18	13669.93	14986.43	16627.04	18331.74
天津	2410.73	3405.16	4238.65	5219.24	6058.46	6905.03	7795.18	8625.15
河北	5376.59	6068.31	7123.77	8483.17	9384.78	10038.89	10960.84	11979.79
山西	2370.48	2886.92	3412.38	3960.87	4682.95	5035.75	5678.69	6789.06
内蒙古	2583.79	3696.65	4209.02	5015.89	5630.50	6148.78	7022.55	7213.51
辽宁	4647.46	5891.25	6849.37	8158.98	9460.12	10486.56	11956.19	13243.02
吉林	2442.73	2756.26	3111.12	3679.91	4150.36	4613.89	4992.54	5461.14
黑龙江	2855.00	3371.95	3861.59	4549.97	5540.31	5947.92	6883.61	7652.09
上海	7350.43	8930.85	9833.51	11142.86	12199.15	13445.07	15275.72	17022.63
江苏	11548.80	13629.07	17131.45	20842.21	23517.98	26421.64	30599.49	34085.88
浙江	8811.17	9918.78	12063.82	14180.23	15681.13	17337.22	19220.79	21341.91
安徽	3318.74	3662.15	4193.68	4975.95	5628.48	6286.82	7378.68	8602.11
福建	4249.59	5048.49	5850.62	6878.74	7737.13	8508.03	9525.60	10796.90
江西	2005.07	2637.07	3121.40	3921.20	4486.06	5030.63	5782.98	6539.23
山东	10367.23	11768.18	14343.14	17370.89	19995.81	22519.23	25840.12	28537.35
河南	5271.06	5700.91	6607.89	7991.72	9157.57	10290.49	12961.67	14875.23

— 167 —

续表

地区	2008 年	2009 年	2010 年	2011 年	2012 年	2013 年	2014 年	2015 年
湖北	4586.77	5127.12	6053.37	7247.02	8208.58	9398.77	11349.93	12736.79
湖南	4216.16	5402.81	6369.27	7539.54	8643.60	9885.09	11406.51	12759.77
广东	15323.59	18052.59	20711.55	24097.70	26519.69	29688.97	33223.28	36853.47
广西	2679.94	2919.13	3383.11	3998.33	4615.30	5171.39	5934.49	6520.15
海南	587.22	748.59	953.67	1148.93	1339.53	1518.70	1815.23	1972.22
重庆	2087.99	2474.44	2881.08	3623.81	4494.41	5242.03	6672.51	7497.75
四川	4350.00	5198.80	6030.41	7014.04	8242.31	9256.13	11043.20	13127.72
贵州	1376.84	1885.79	2177.07	2781.29	3282.75	3734.04	4128.50	4714.12
云南	2228.07	2519.62	2892.31	3701.79	4235.72	4897.75	5542.70	6147.27
西藏	219.64	240.85	274.82	322.57	377.80	427.93	492.35	552.16
陕西	2255.52	3143.74	3688.93	4355.81	5009.65	5607.52	6547.76	7342.10
甘肃	1241.68	1363.27	1536.50	1963.79	2269.61	2567.60	3009.61	3341.46
青海	326.55	398.54	470.88	540.18	624.29	689.15	853.08	1000.81
宁夏	397.27	563.74	702.45	861.92	982.52	1077.12	1193.87	1294.41
新疆	1425.57	1587.72	1766.69	2245.12	2703.18	3125.98	3785.90	4169.32

附件 5 湖北"互联网+"信息技术服务业与体育用品制造业转型升级的投入产出指标原始数据

年份	主营业务税金及附加（千元）	利润总额（千元）	应交增值税（千元）	长途光缆线路长度（万公里）	开通互联网宽带业务的行政村比重（%）	互联网宽带接入端口（万个）
2007	182	4950	3502	2.76	69.6	282.0
2008	190	5130	4254	2.77	72.9	327.4
2009	173	1834	2107	2.92	81.5	433.3
2010	975	8998	6331	2.7	83.4	588.4
2011	862	19697	8462	2.71	90.0	746.1
2012	3633	25032	10571	2.77	92.8	1023.5
2013	25593	61039	20604	2.81	92.1	1153.2
2014	30665	94032	26837	3.03	92.1	1266.1
2015	34775	99004	33303	3.17	92.1	2061.1
2016	36937	107328	35158	3.24	96.0	2594.7
2017	40169	119837	38805	3.32	97.6	2885.9

附件6 我国体育用品制造业的利润总额、资产总计、负债合计等指标原始数据

地区	利润总额（千元） 2007年	2008年	2009年	资产总计（千元） 2010年	2011年	2012年	负债合计（千元） 2013年	2014年	2015年
北京	22684	2840	45668	582543	236160	1618121	933420	999767	1274873
天津	13719	11466	12600	496076	594346	4944892	3134788	3647336	2694666
河北	12729	24246	17683	359486	330496	5135309	2622552	3497880	3667529
山西	31984	20216	26420	504748	455163	6001508	5132815	3455278	3400417
辽宁	4371	8565	13392	526068	533456	6125972	2380152	1580413	1325446
吉林	1718	2440	230	120545	86894	829532	468317	580000	659240
黑龙江	5436	3908	2200	238809	17922	195398	106188	112545	123001
上海	53531	44303	180404	4315029	3733467	40827398	14762389	15992936	12378368
江苏	267818	297391	497229	6594310	6055609	65766557	36119001	35633195	38870312
浙江	152203	125718	196746	9402908	10804089	110728299	68788240	67061353	68222859
安徽	9846	15030	21280	629322	478096	9618364	6736614	8314863	9343537
福建	180048	186845	271366	7087196	6020528	75550968	43264259	46113292	49014507
江西	8205	180	29764	857511	919898	11523087	3510134	4959921	7241784
山东	625216	488609	600966	8885610	8942405	126489337	75288892	81944125	88624711

— 170 —

续表

地区	利润总额（千元）			资产总计（千元）			负债合计（千元）		
	2007年	2008年	2009年	2010年	2011年	2012年	2013年	2014年	2015年
河南	9624	15911	12880	155654	322258	5674524	3353653	2331908	5872702
湖北	3950	5130	1634	78668	37727	459213	1047497	1706518	2289309
湖南	15267	41575	48577	233996	834761	5249835	2664606	3345461	4244976
广东	251161	105312	164406	14160689	14257446	139643912	74472188	75052881	72798726
广西	524	1718	1337	76099	63145	863288	103893	233990	271312
重庆	3271	42893	3265	34981	16895	329331	203828	1269833	1328088
四川	3565	47839	3154	35961	15776	359222	32505	60769	36915
贵州	1157	673	2767	25243	32684	373206	160387	180186	188212
云南	982	573	2167	23765	30532	358087	348702	417894	319343
甘肃	45	40	17	15785	52390	70921	62096	63891	76589

近年来作者学术成果一览表
（以第一作者身份署名）

论文题目	刊物名称	发表时间
美国技术性贸易壁垒对我国体育用品及设备出口贸易的影响及对策——基于贸易引力模型的实证研究	北京体育大学学报	2021-07-25
中国体育用品全球贸易发展：现状特征与对策建议	体育学研究	2021-03-30
劳动力成本上升对中国体育用品制造业转型升级的影响研究	天津体育学院学报	2020-05-12
《中国体育强省建设的空间格局及动力机制》一文引发的思考	体育学研究	2020-04-30
中国与"一带一路"国家体育用品贸易的空间关联网络结构特征及影响因素	武汉体育学院学报	2020-03-25
基于区块链技术的我国体育用品制造企业融资模式创新研究	体育学研究	2020-03-03
经济新常态下中国体育用品制造业转型升级效果的评价研究	成都体育学院学报	2019-11-15
经济新常态下我国体育用品制造企业主要财务指标比较及对策研究	武汉体育学院学报	2017-09-15
普通高校实施体育资源一体化的理论构想与政策建议——以重庆大学城为个案	北京体育大学学报	2016-08-15
中国体育彩票事业发展的空间自相关特征研究	武汉体育学院学报	2015-07-15
大型体育赛事对我国体育产业上市公司股价指数影响的实证研究——基于网络搜索数据的新视角	武汉体育学院学报	2015-01-15

续表

论文题目	刊物名称	发表时间
中国体育用品制造业全要素生产率变动及其分解——基于非参数 Malmquist 指数方法的实证研究	中国体育科技	2014-09-15
中国体育产业上市公司经营管理绩效演变特征的实证研究	武汉体育学院学报	2014-03-15
中国竞技体育发展的空间自相关特征研究	体育科学	2013-10-15
文化教育程度、国民收入水平与体育用品制造业发展的实证研究——基于面板数据的分析方法	成都体育学院学报	2013-05-20
基于 GIS 技术的奥运会奖牌全球地域分布特征的比较	首都体育学院学报	2013-05-15
中国基本公共服务与体育事业发展关系的实证研究	沈阳体育学院学报	2013-04-15
中国区域竞技体育发展的外部环境综合测评与分类特征	西安体育学院学报	2013-04-09
中国体育用品制造业重心的空间演变轨迹分析	成都体育学院学报	2012-11-20
中国知名体育用品品牌形象的结构模型	武汉体育学院学报	2012-10-15
人民币汇率变动对我国体育用品制造业出口贸易结构的影响——基于 2006.1-2010.5 月度数据的实证研究	北京体育大学学报	2012-07-15
训练健身器材制造业与体育用品制造业的互动关系：基于我国东部 10 个地区的实证分析	首都体育学院学报	2012-05-15
中国体育事业财政投入与经济增长关系的实证研究——基于 1977~2010 年的时间序列数据分析	武汉体育学院学报	2012-05-15
我国体育用品制造企业竞争力的结构方程模型	武汉体育学院学报	2011-08-15
中国能源消费结构与体育用品制造业发展的关系	体育学刊	2011-07-28
中国城市化水平与体育用品制造业发展的动态计量分析	天津体育学院学报	2011-01-25
我国球类制造业企业竞争力的综合测评	北京体育大学学报	2011-01-15

续表

论文题目	刊物名称	发表时间
中国体育基础设施建设与房地产业发展的影响机制——基于省际面板数据（Panel Data）的实证研究	天津体育学院学报	2010-07-25
我国区域体育用品制造业企业竞争力的比较研究	中国体育科技	2010-03-10
我国中文体育类核心期刊评价指标分析	体育文化导刊	2010-02-23
1994~2007年我国体育文献特点分析	体育文化导刊	2009-11-23
我国区域体育用品制造业经营管理绩效的综合评价——基于2003—2007年全国22个地区的实证研究	天津体育学院学报	2009-03-25
体育用品出口贸易与中国进出口贸易互动关系的实证研究	北京体育大学学报	2009-03-15
中国体育用品制造业产业集聚程度变动趋势的定量研究	天津体育学院学报	2009-01-25
我国竞技体育人才资源区域差异研究	体育文化导刊	2009-01-23
基于SEM的体育用品制造业经营管理绩效测评模型	武汉体育学院学报	2009-01-15
中国体育用品制造业月度利润额的季节调整实证研究	武汉体育学院学报	2008-09-15
中国体育用品制造业与国民经济增量关系的计量研究	体育科学	2008-06-15
基于GARCH模型的中体产业股票价格波动性实证研究	武汉体育学院学报	2008-05-15
中国体育用品制造业经营管理绩效区域差异的实证研究	体育科学	2008-03-15
大学生运动员竞技动机量表的研制与信效度检验	武汉体育学院学报	2008-01-15

后 记

从 2017 年开始，我主持了国家社会科学基金一般项目《经济新常态下我国体育用品制造业转型升级的影响因素及策略研究》（17BTY058）的研究工作。该项目于 2017 年 6 月立项，2020 年 7 月结项（证书号：20203279，鉴定等级：良好）。根据本课题申报书的结构框架、内容体系及思路设计，近几年来，我和课题组成员一同对我国体育用品制造业转型升级的相关概念内涵、财务指标、综合能力、效果水平等方面进行了梳理、比较、测评和讨论，就生产性服务业、"互联网+"、劳动力成本上升等因素对我国体育用品制造业转型升级的影响机制展开了实证分析。在这几年的科研工作历程中，太多的人给予了我太多的支持与帮助，使我能够顺利完成本课题。

第一，感谢全国哲学社会科学规划办公室和重庆哲学社会科学规划办公室的工作人员，以及本课题的各位评审专家为本研究提出的宝贵修改意见。

第二，感谢北京体育大学靳英华教授、清华大学刘波教授和郭振副教授、华中师范大学陈元欣教授、湖北大学方春妮教授、湖南师范大学杨明教授、天津体育学院杨晓晨教授，对我完成本研究给予了宝贵的指导意见。

第三，感谢国内多家体育类期刊对于本课题组开展体育用品制造业领域研究给予的长期支持和鼓励，使部分阶段性研究成果能顺利发表，为学术成果交流搭建了宝贵的平台。

第四，感谢重庆师范大学赵恒教授和张铖教授、重庆大学魏晓燕博士、河北体育学院庞善东博士、宜宾学院邓国良老师及课题组的研究生，他们在课题研究过程中给予了大量帮助和支持。

  第五，本研究得以顺利出版，还得到了人民体育出版社的大力支持，在此谨表示衷心感谢。

2023 年 8 月